AF762296

Manual para Sobrevivir a una Ruptura (y No Volver con Tu Ex)

RUBÍ ASTRÒLOGAS

Alina A. Rubi

Publicado de forma independiente

Autora: Alina A. Rubi

Correo: rubiediciones29@gmail.com

Edición: Angeline Rubi

Contacto editorial: rubiediciones29@gmail.com

El Comienzo del Fin (y el Inicio de Algo Nuevo)

Nadie se despierta un lunes por la mañana pensando que va a perder el amor de su vida entre mensajes de WhatsApp sin respuesta, una lista de canciones tristes y una taza de café tibio. Pero aquí estás, leyendo estas líneas con el corazón un poco roto, los ojos un poco hinchados y el alma tratando de convencer al cerebro de que no vale la pena volver a escribirle a esa persona que ya dejó claro que no quiere estar. O peor, que no sabe estar.

Las rupturas amorosas no vienen con instrucciones, aunque deberían. Uno no se entrena para esto como se entrena para un maratón. No hay calentamiento, no hay cronómetro, no hay medalla. Solo hay silencio, ansiedad, pensamientos obsesivos y una vocecita interna que repite: "¿Y si todo fue mi culpa?" Sorpresa: no lo fue, al menos no todo.

Este libro nace de esa herida que todos alguna vez llevamos con disimulo, ese vacío que dejamos en la cama cuando alguien se va, y ese torbellino emocional que llega sin invitación cuando las cosas no salen como esperábamos. Pero también nace de la certeza de que nadie se muere de amor, aunque a veces parezca que estamos a un paso del drama telenovela con lágrima incluida.

Aquí no vas a encontrar frases cursis de autoayuda ni rituales para atraer a tu ex con velas aromáticas y luna llena. Este no es un manual para recuperar a nadie más que a ti. Es una guía práctica, brutalmente honesta y con el toque de sarcasmo necesario para reírte entre llantos.

Vamos a hablar de todo lo que duele, lo que confunde, lo que arde y lo que cuesta soltar. Pero también vamos a reírnos un poco de nuestras propias telenovelas mentales, de las veces que vigilamos como detectives con maestría en espionaje digital, y de ese momento glorioso en que bloqueamos por fin a quien debía quedarse fuera.

Porque sí, el corazón puede romperse, pero también puede reconstruirse con nuevos ladrillos, mejores elecciones y cero ganas de mendigar afecto. Y si algo bueno tiene una ruptura, es que puede ser el empujón que necesitabas para volver a ti, con más fuerza, más claridad y mucho menos drama.

Bienvenida a tu renacimiento. Aquí comienza el viaje de regreso a casa: tú.

Reconocer el dolor y la dificultad del momento

Aceptar que duele es el primer paso, aunque a veces quisiéramos saltarnos directo a la parte donde ya todo está bien y nos reímos de lo ocurrido mientras tomamos vino con amigas diciendo "menos mal que se fue". Pero no, antes del brindis viene la caída. Y negarlo solo hace que duela más. No estás exagerando, no estás siendo débil, no estás dramatizando. Estás atravesando una pérdida real, aunque no haya ataúd ni flores, aunque nadie te dé el pésame.

El corazón no entiende de lógicas, ni de consejos bienintencionados del tipo "ya aparecerá alguien mejor". Lo que entiende es que alguien que era parte de tu día a día ya no está, que las rutinas se rompieron, que los planes a futuro quedaron flotando en el aire como globos sin dueño. Y eso duele. Porque el amor se invierte con cuerpo, tiempo, sueños y confianza. Y cuando se rompe, no solo se rompe el vínculo, se rompen también partes de ti que habías entregado sin pedir recibo.

Hay días en que levantarse de la cama ya es una hazaña. Momentos en que el silencio pesa más que una discusión. No estás loca si escuchas su voz en tu cabeza, si revisas por inercia sus redes, si tienes ganas de llamarlo solo para saber si le duele, aunque sea un poquito. Hay que reconocer que estás en ese lugar, en ese hueco incómodo, eso es lo que empieza a mover el aire. Porque lo que se nombra, se transforma.

No es fácil. Tampoco rápido. Pero estás aquí, sintiendo, aunque no te guste lo que sientes. Y eso, aunque no parezca, es una forma de resistencia. Porque quienes sienten, viven. Y quienes se atreven a sentir incluso cuando arde… terminan más fuertes que nunca. Así que sí: estás en medio del caos. Y eso, créelo o no, es buena señal. Porque del caos nacen los renacimientos más poderosos.

Advertencia: El camino no es fácil, pero es posible y vale la pena

Vamos a ser claras desde el principio: esto no es una receta mágica, ni un hechizo infalible para borrar a tu ex de la memoria como si fuera spam emocional. No hay atajos ni frases inspiradoras que eliminen el vacío de un día para otro. Lo que sí hay es un proceso. Largo, feo a veces, incómodo casi siempre… pero absolutamente necesario.

Vas a tropezar. Con canciones, con recuerdos, con lugares, con mensajes viejos que no tuviste el valor de borrar. Vas a tener recaídas emocionales, días de "quizás no fue tan malo" y momentos de "¿y si le escribo solo para saber cómo está su perro?" Tranquila. Todo eso es parte del viaje. Este camino no es recto, ni limpio, ni Instagram-friendly. Pero es tuyo.

Habrá momentos en que querrás rendirte. Volver. A lo malo conocido. A lo tibio. A lo que no te daba paz, pero al menos te era familiar. Y justo ahí, en esa curva emocional, es cuando más vas a necesitar recordarte por qué saliste. Porque lo vales. Porque mereces más. Porque amar no debería doler todos los días.

Sí, te lo digo con sinceridad brutal: vas a llorar. Pero también te vas a reír, y vas a descubrir partes de ti que ni sabías que estaban dormidas. Vas a construir una nueva versión de ti que ya no se conforma con migajas emocionales ni se arrodilla por atención.

Así que, si en algún momento sientes que estás retrocediendo, recuerda esto: sanar no es una línea recta. Es una danza torpe. Y cada paso, incluso el que crees que va hacia atrás, te está enseñando algo. No es fácil. Pero créeme cuando te digo: es posible. Y, sobre todo, vale la pena. Porque al final del camino no está tu ex. Estás tú. Más viva, más fuerte y mucho más libre.

Aceptar la Realidad: El Primer Paso para Sanar

La negación y el shock: ¿Por qué duele tanto?

Cuando una relación se termina, el primer instinto del corazón, es decir: “Esto no está pasando”. Tu cabeza lo sabe, los mensajes ignorados lo confirman, incluso tus amigas ya te dijeron que no te conviene. Pero hay una parte de ti que se resiste, como si estuviera convencida de que todo es un malentendido cósmico y que en cualquier momento esa persona va a tocar la puerta con cara de arrepentido y un ramo de flores baratas.

La negación no es cobardía, es autoprotección. Es el modo de emergencia del alma cuando algo se rompe y todavía no sabe cómo sostenerse sola. Y aunque parezca inútil, esa negación también forma parte del proceso. El problema es quedarse demasiado tiempo ahí, justificando lo injustificable, idealizando lo que dolía y negando lo que era evidente.

El shock, por su parte, es ese vacío que te deja mirando al techo sin saber qué día es ni por qué el cuerpo pesa tanto. Es el estado de alerta del corazón que no entiende por qué alguien que decía amarte ahora no contesta ni un "hola". Es como si el alma hubiera chocado de frente con una pared y el cuerpo siguiera en piloto automático.

Y duele. Claro que duele. No porque seas débil, sino porque apostaste. Porque entregaste tiempo, sueños, ternura. Porque proyectaste un futuro y ese futuro acaba de implosionar frente a tus ojos. Lo que más duele no siempre es la ausencia de la persona, sino la caída de todo lo que imaginaste junto a ella.

Aceptar la realidad no significa dejar de llorar de inmediato ni salir corriendo a hacer yoga y afirmaciones frente al espejo. Aceptar es mirarte sin filtros y decir: "Sí, se terminó. No va a volver. Y aunque duela, voy a seguir". Es dejar de esperar mensajes que no llegan, finales felices que no existen y señales que solo son excusas disfrazadas de esperanza.

Aceptar no es rendirse. Es recuperar el poder. Porque cuando dejas de pelear con lo que fue, empiezas a construir lo que puede ser. Aunque todavía no sepas cómo. Aunque al principio camines temblando. El primer paso no se da con seguridad. Se da con valor. Y tú lo tienes. Aunque hoy no lo veas.

Permitirse sentir: Validar las emociones (tristeza, ira, miedo, confusión)

En un mundo donde todo el mundo parece tener prisa por "superar", detenerse a llorar puede sentirse como una debilidad. Pero no lo es. Es una señal de que estás viva. Y más importante aún: es una señal de que estás sanando, aunque parezca lo contrario. Permitirse sentir no es hundirse en el drama, es atreverse a cruzar el puente emocional sin anestesia. Es darle espacio a lo que duele, para que no se quede atrapado en el cuerpo disfrazado de insomnio, ansiedad o enojo mal dirigido.

La tristeza llega como una marea: silenciosa, constante, e imparable. Y está bien. No estás fallando porque extrañas, lloras o te duele respirar. Estás haciendo duelo. Estás despidiendo una parte de tu vida. No lo minimices. Lo que sentiste fue real, incluso si la otra persona se fue como si nada.

Después llega la ira. Esa que arde por dentro y a veces se disfraza de sarcasmo o ganas de romper el celular. Estás enojada porque diste más de lo que recibiste, porque callaste lo que dolía, porque esperaste gestos que nunca llegaron. No tienes que justificar tu rabia ni reprimirla con frases del tipo "hay que ser madura". Ser madura también es saber cuándo decir "hasta aquí" con los ojos llenos de fuego.

El miedo aparece en forma de preguntas: ¿y si nadie me ama otra vez?, ¿y si me vuelven a fallar?, ¿y si nunca lo supero? Respóndete esto: el miedo es parte del paquete. Es normal temer lo desconocido, sobre todo cuando lo conocido era tu zona de costumbre. Pero si el amor que tenías te hacía daño, lo desconocido no da tanto miedo. Da esperanza.

Y luego está la confusión. Esa nube mental donde te preguntas si hiciste bien, si fue tu culpa, si podrías haber hecho algo más. La respuesta es no. Hiciste lo que sabías hacer con las herramientas que tenías. Y si ahora estás confundida, es porque estás reordenando todo por dentro. Las piezas del rompecabezas no encajan de inmediato. Dale tiempo.

Sentir no te hace débil. Reprimirte sí. Este no es momento para ser fuerte a la fuerza, ni para sonreír cuando no puedes con el alma. Es momento de abrazar tus emociones como a una amiga que llora contigo sin decirte que te pongas en pie. Sentir es parte del viaje. Y sentirlo todo, incluso lo feo, te recuerda que todavía estás aquí. Respirando. Viviendo. Sintiéndote poco a poco más tú.

El duelo por la relación perdida: Etapas y cómo navegarlas

Dicen que las rupturas no se curan, se atraviesan. Y para atravesarlas, primero hay que entender que estás en duelo. Sí, igual que cuando se pierde a alguien físicamente. Porque, aunque la otra persona siga viva y subiendo historias en la playa como si nada, para ti esa relación murió. Y ese duelo merece respeto, tiempo… y una buena dosis de compasión (preferiblemente contigo misma).

No todas las personas viven el duelo de la misma manera ni en el mismo orden, pero hay algunas etapas universales que se repiten como los mensajes que nunca debiste enviar a las tres de la mañana. Aquí te las presento con sinceridad y un poquito de humor, porque si no nos reímos, lloramos otra vez.

1. Negación

"No puede ser, seguro está confundido, va a volver, esto es una prueba del universo". En esta etapa todavía revisas su última conexión, analizas cada palabra del último mensaje como si fuera código Morse, y haces listas mentales de todo lo bueno que tenían. Negar es una forma de no enfrentar el abismo, pero también es la puerta de entrada a todo lo demás. No te culpes. Solo no te quedes a vivir ahí.

2. Ira

De repente, ves con claridad todo lo que antes justificabas. Lo que dolía, lo que callaste, lo que ignoraste. Y da rabia. Mucha. Te enojas contigo, con tu ex, con tus amigas que "nunca te dijeron nada", con el horóscopo que te prometía amor eterno. Esta etapa es poderosa. Canalízala: corre, grita, escribe, baila reguetón despechado. Pero no le escribas. Por favor.

3. Negociación

La más traicionera. "¿Y si hablamos?", "¿y si solo somos amigos?", "¿y si cambio esto o aquello?". Aquí el corazón empieza a hacer tratos con la lógica para evitar sentir el vacío. Es como una subasta emocional donde ofreces partes de ti para que el otro regrese. No entres en esa licitación. El amor real no se negocia con sacrificios unilaterales.

4. Tristeza profunda

Es el bajón. El llanto sin explicación. El no querer salir de la cama. El vacío en el pecho y la música triste a todo volumen. No es una etapa para acelerar ni para negar. Es para abrazar. Aquí es donde realmente empiezas a soltar. Aunque duela. Aunque parezca que nunca vas a salir. Sorpresa: vas a salir. Pero antes, hay que sentir.

5. Aceptación

No es que de repente todo sea paz y luces. Es que ya no duele igual. Ya no hay necesidad de revisar sus redes ni de imaginar reconciliaciones. Empiezas a verte en el espejo sin esa mirada perdida. Recuperas el apetito por la vida. Y aunque aún haya días nublados, ya sabes que puedes atravesarlos sin desmoronarte. Esta etapa no llega de golpe. Llega en pedacitos. Pero cuando llega… se siente como volver a casa.

Navegar el duelo es una travesía emocional sin GPS. Vas a sentirte perdida, vas a retroceder, vas a creer que ya lo superaste y luego llorar otra vez por una tontería. Está bien. No es una carrera. Es un proceso. Y cada paso, incluso el más torpe, te está llevando a un lugar más sano. A ti. Sin ataduras. Sin dependencias. Con el corazón en reconstrucción y la dignidad intacta.

No hay atajos para el dolor

Por más memes de "sanando con vino" que circulen, por más amigos que te digan "sal con alguien nuevo" o por más gurús espirituales que prometan cerrar ciclos con un baño de sal y tres piedras lunares, la verdad es esta: el dolor no tiene atajos. No hay ruta rápida, ni camino secreto, ni botón mágico de "olvidar todo y seguir como si nada". Y si lo hubiera, ya lo habrías presionado cinco veces.

El dolor es lento, pesado y caprichoso. Llega cuando menos lo esperas: en la fila del supermercado, al ver una película tonta, al oler el perfume que usaba. Y aunque quieras evitarlo, ignorarlo o enterrarlo bajo una montaña de actividades, él encuentra la forma de hacerse notar. Porque lo que no se siente, se repite. Y lo que se reprime, se pudre.

A veces querrás correr. O anestesiarte con distracciones, citas vacías, trabajo excesivo o frases motivacionales que no te calan. Pero saltarte el dolor es como intentar pintar una pared rota sin arreglarla primero: por fuera parece que todo está bien, pero por dentro se sigue cayendo a pedazos.

Y un corazón agrietado no ama mejor. Solo ama con miedo.

Sentir duele. Mucho. Pero también purifica. El llanto no es derrota, es drenaje. El enojo no es fracaso, es defensa. El cansancio no es señal de que no puedes más, es aviso de que necesitas detenerte. El dolor es incómodo, sí. Pero también es maestro. Te muestra lo que entregaste de más, lo que callaste por miedo, lo que merecías y no recibiste.

No te estoy diciendo que te guste sufrir. Te estoy diciendo que, si vas a atravesar este incendio emocional, que sea para reconstruirte mejor. Que no te saltes la quema, porque ahí está la transformación. Que no te conformes con maquillar la herida. Que vayas a fondo, aunque queme.

No hay camino corto. Pero hay camino. Y se transita paso a paso. Llanto a llanto. Respiración a respiración. No para olvidar lo vivido, sino para soltar lo que ya no te lleva a ningún lugar. El dolor no es el enemigo. Es la puerta. Atraviésala. Aunque duela. Aunque tiemble. Aunque parezca eterno. No lo será. Tú sí.

Técnicas de afrontamiento inmediatas

Cuando el corazón se rompe, el cuerpo entra en pánico. Y no, no estás exagerando: se te cierra el pecho, la garganta se hace un nudo, el estómago parece olvidarse de cómo funcionar. Es como si todo tu sistema nervioso decidiera salir corriendo con los brazos en alto gritando "¡emergencia sentimental!". Por suerte, hay formas de calmar ese caos interno antes de que termines llorando en el pasillo de los lácteos con una bolsa de papitas como pañuelo.

Respiración consciente: tu botón de emergencia emocional

Parece básico, pero cuando estás en crisis, hasta respirar se vuelve un acto heroico. Haz esto: inhala contando hasta cuatro, sostiene el aire por otros cuatro, y exhala lentamente mientras cuentas seis. Repite. No necesitas incienso ni música de ballenas. Solo tu aire. La respiración activa el freno de emergencia en tu cuerpo y le dice a tu mente: "no estamos a salvo todavía, pero no vamos a morir por amor tampoco".

Mindfulness: estar aquí, ahora, aunque no quieras

Tu mente probablemente esté en el pasado ("¿por qué me dijo eso?") o en el futuro ("¿y si nunca encuentro a alguien más?"). El mindfulness te invita a traerla de regreso a este momento, donde ni tu ex existe ni la ansiedad tiene poder. Observa lo que te rodea. El color del cielo, el sonido de tu entorno, el olor del café. No tienes que alcanzar la iluminación. Solo reconectar con el presente, ese lugar donde todavía tienes poder.

Distracción saludable: apagar la obsesión sin apagarte a ti

No se trata de negar lo que sientes, sino de crear pausas para que no te ahogues en la intensidad. Ver una serie que no incluya parejas felices cada cinco minutos. Pintar, aunque no sepas dibujar ni un árbol. Salir a caminar sin rumbo fijo. Reorganizar el cajón de medias. Llamar a alguien que te haga reír sin pedirte que "ya lo superes". La idea no es huir del dolor, sino recordarte que también hay vida fuera de la tristeza.

Estas herramientas no solucionan el duelo, pero sí te dan un respiro. Y a veces, lo único que necesitas para seguir es un respiro. Uno profundo, uno presente, uno tuyo. Porque, aunque no puedas controlar el temblor emocional, sí puedes darte anclas. Y eso, en medio del naufragio, ya es un acto de amor propio.

Evitar mecanismos de afrontamiento destructivos (alcohol, drogas, impulsividad)

En medio del despecho, el caos emocional y la lluvia interna que no para, es tentador buscar alivio rápido. Un traguito "para calmar los nervios", una noche de fiesta "para olvidar", un mensaje impulsivo "solo para ver si contesta". Sorpresa: todo eso parece buena idea en el momento… hasta que te despiertas al día siguiente con más culpa que alivio, más ansiedad que claridad, y tal vez con una historia que preferirías no haber protagonizado.

El alcohol promete apagar el dolor, pero solo le baja el volumen un rato. Después lo sube más alto. Las drogas ofrecen una pausa, pero no curan, solo congelan. Y lo congelado, eventualmente, se derrite. Las decisiones impulsivas, como escribirle a tu ex a las dos de la mañana o buscar "cierre" en alguien que nunca te dio ni las gracias, solo prolongan la herida y alimentan el autoengaño.

También hay otros escapes más sutiles, pero igual de destructivos: lanzarte de lleno al trabajo hasta olvidarte de comer, salir con alguien nuevo solo para no sentirte sola, fingir en redes sociales que estás mejor de lo que estás. Todo eso es anestesia emocional, y como toda anestesia, pierde efecto. Y cuando lo hace, el dolor vuelve con intereses.

No se trata de juzgarte si ya caíste en alguno de estos mecanismos. Se trata de detener la rueda antes de que te atropelle. Se trata de hacerte una pregunta honesta: ¿esto me alivia de verdad o solo me distrae del vacío? Porque una cosa es darte un gusto, y otra muy distinta es usar ese gusto como excusa para no mirar lo que duele.

Estás atravesando un duelo. Y aunque parezca que no hay forma de sostenerlo, la hay. Pero no se encuentra al fondo de una botella, ni en los brazos de alguien que no te conoce, ni en decisiones hechas desde el hambre emocional. Sanar no es tapar la herida con brillos. Es limpiarla, aunque duela. Es mirarte de frente, aunque no te guste lo que ves.

Tú no necesitas escapes. Necesitas cuidado. No de otros, sino de ti. Porque nadie más puede rescatarte del abismo si tú misma decides quedarte ahí por costumbre. Y tú mereces más que sobrevivir a punta de impulsos. Mereces sanar con conciencia, aunque eso tome tiempo. Aunque duela. Aunque cueste mirar de frente. Porque cuando lo logres, y lo vas a lograr, no vas a necesitar distracciones para sentirte en paz. Vas a ser la paz.

La importancia de llorar y desahogarse

Llorar no es un signo de debilidad, ni un retroceso en el proceso, ni una vergüenza que hay que esconder en el baño con la ducha encendida para que nadie escuche. Llorar es medicina. Una forma primitiva, poderosa y profundamente humana de soltar lo que el cuerpo ya no puede seguir cargando. Si el alma tuviera válvulas de escape, serían los ojos.

Hay quienes te dicen que “ya no llores”, como si derramar lágrimas fuera un delito emocional. Pero no llores por lo que perdiste, dicen. Qué absurdo. ¿Y por qué no? Si te dolió, si te marcó, si diste amor, tiempo, ilusiones. Claro que vas a llorar. Lloras porque importa. Porque eso que se fue no se va sin dejar un vacío. Y porque las emociones no se evaporan solo por apretar los dientes y seguir como si nada.

El llanto limpia. No solo los ojos, sino los rincones internos donde se acumula la rabia, la tristeza, la frustración. Después de llorar, el cuerpo descansa. La mente se aclara. El corazón late con menos nudos. No es que el dolor desaparezca, pero se vuelve más manejable. Es como vaciar un poco el vaso para que no se desborde.

Y no siempre se llora con lágrimas. A veces se llora en forma de silencio. De insomnio. De mensajes no enviados. De listas de reproducción que rompen más que consuelan. Llorar también puede ser sentarte a solas y reconocer en voz alta: "no estoy bien". No necesitas una audiencia, ni palabras sabias, ni permiso. Solo darte espacio para sentir.

Desahogarte no es "dramatizar". Es honrar lo que estás viviendo. Guardarse el dolor no te hace fuerte, te hace estallar por dentro más adelante. Así que llora cuando lo necesites. Grita si hace falta. Escribe lo que no puedes decir. Rompe hojas, no corazones. Pero no te tragues todo creyendo que vas a sanar sin tocar fondo.

Las lágrimas no te hacen débil. Te hacen real. Te hacen valiente. Y, sobre todo, te recuerdan que sentir no es una maldición. Es parte del camino de regreso a ti. Uno mojado, sí. Pero también profundamente liberador.

Buscar apoyo: Amigos, familia, terapia

Aunque te sientas sola, no estás sola. Y no tienes que hacer esto sin ayuda, sin testigos, sin alguien que te pase un pañuelo o, mejor aún, una cucharada de helado y una mirada que diga "te entiendo" sin necesidad de decir nada. El dolor compartido no desaparece, pero se vuelve más liviano. Como si al repartirlo, tu corazón respirara un poquito mejor.

Tus amigas, esas que ya sabían que ese romance iba rumbo al naufragio desde hace rato, pueden ser tu primer salvavidas. No están ahí para decir "te lo dije" (bueno, a veces sí, pero con amor), sino para escucharte repetir la misma historia cinco veces seguidas sin juzgarte, para verte llorar con la cara hinchada y seguir diciendo que estás hermosa, y para recordarte quién eres cuando tú lo olvides.

Tu familia puede ser otro ancla, aunque a veces no entiendan todos los detalles. Quizás no saben qué decir, quizás su forma de apoyar sea hacerte sopa o preguntarte mil veces si ya comiste. No importa. El punto es rodearte de gente que te cuide sin pedirte explicaciones. Que te dé espacio, pero también te abrace si hace falta.

Y si sientes que nadie puede sostener lo que llevas dentro, o que tus emociones te desbordan más allá de lo que tus cercanos pueden contener, está la terapia. Buscar ayuda profesional no es un lujo, es un acto de amor propio. Es decirte a ti misma: "esto me duele tanto que necesito una guía para atravesarlo sin perderme". Un terapeuta no va a borrarte el sufrimiento, pero va a darte herramientas, perspectiva y un espacio seguro para reconstruirte.

Pedir ayuda no te hace menos fuerte. Te hace humana. Porque no nacimos para sanar en silencio ni para cargar con todo sin apoyo. A veces lo más valiente no es seguir adelante sola, sino extender la mano y decir "no puedo más". Y cuando lo haces, descubres que el mundo no se cae… se abre. Y en ese abrir, empiezas a encontrar el camino de vuelta a ti. Más acompañada. Más sostenida. Más viva.

¿Qué es el contacto cero y por qué es crucial?

El contacto cero no es una estrategia infantil, ni una forma de "dar celos", ni una técnica de manipulación para que tu ex te extrañe. Es un acto de supervivencia emocional. Se trata de cortar todo tipo de comunicación con esa persona: no mensajes, no llamadas, no "reaccioné a su historia sin querer", no "me metí solo a ver si ya subió algo nuevo". Nada. Cero. Cero es cero. Aunque tu dedo te tiemble al ver que está en línea. Aunque tu cerebro te diga que tal vez solo un mensaje no hace daño. Advertencia: sí hace.

¿Por qué es tan importante? Porque mientras sigues teniendo acceso a su vida, no sales de la tuya. Cada mensaje es una recaída. Cada intento de "solo quiero saber cómo está" es en realidad una forma de mantener viva una ilusión que ya se rompió. El contacto cero no es castigo. Es cierre. Es protección. Es el muro que necesitas levantar mientras tu corazón se rearma con piezas nuevas.

Estar en contacto con tu ex, aunque sea de manera pasiva, es como intentar sanar una herida mientras te sigues rascando. Nunca cierra. Nunca deja de doler. Y el peor enemigo del duelo es la esperanza mal colocada. Esa que se alimenta de likes, de mensajes ambiguos, de "tal vez todavía me quiere". No. Si te quisiera bien, estarías bien. Y punto.

El contacto cero no es fácil. Hay una parte de ti que quiere seguir sabiendo, que se aferra al "¿y si cambia?", que busca excusas absurdas para escribirle ("solo quería avisarte que tu gato me mira feo en sueños"). Pero lo que realmente estás buscando no es información, es validación. Y ya es hora de dejar de buscarla en quien no supo dártela.

Sí, al principio se siente como una amputación. Porque lo es. Pero también es el inicio de la reconstrucción. Porque solo en el silencio se asienta la verdad. Solo con distancia se ve la historia completa. Y solo sin interferencias empiezas a escuchar la voz más importante de todas: la tuya.

Así que cuando dudes, recuerda esto: contacto cero no es sobre él, es sobre ti. Sobre tu paz, tu claridad y tu renacimiento. Es el botón rojo que se presiona con miedo, pero que activa el poder. El tuyo. El que ya no pide amor donde no lo hay. El que no se conforma con migajas. El que, esta vez, elige sanar de verdad.

Tipos de contacto (directo, indirecto, redes sociales)

Cuando hablamos de contacto cero, no basta con bloquear el número y respirar hondo. El ex, como las cucarachas, siempre encuentra formas creativas de reaparecer. Por eso es importante conocer todos los tipos de contacto que debes cortar o evitar para que el proceso de sanación no se vuelva un juego de serpientes y escaleras donde subes un día y caes cinco escalones al siguiente.

1. Contacto directo: el más obvio, pero también el más difícil de soltar.

Aquí hablamos de llamadas, mensajes de texto, correos, videollamadas, o ese clásico "te vi por aquí cerca y quise saludarte". No hay que ser Sherlock Holmes para saber que mientras sigas hablando con tu ex, aunque sea "como amigos", no estás cerrando nada. Cada interacción abre la herida de nuevo, te deja con más dudas que certezas y muchas veces con la autoestima en el suelo. Cero es cero. Incluso si te escribe "solo para saber cómo estás" o "me acordé de ti por esta canción". Que se acuerde en silencio.

2. Contacto indirecto: el más tramposo de todos.

Este es el famoso "le pregunté a su primo cómo estaba" o "vi en su perfil que fue al mismo bar donde íbamos". También incluye vigilancia encubierta, hablar de él con conocidos, pedirles a tus amigas que "solo lo miren para ver con quién anda" o leer entre líneas cada canción triste que sube a Spotify. Este tipo de contacto parece inofensivo, pero alimenta la obsesión y mantiene viva la esperanza en lugar de cerrar el ciclo. Y sí, bloquear también incluye no espiar desde cuentas falsas. No eres la CIA.

3. Contacto en redes sociales: el buffet emocional que hay que dejar de visitar.

Las redes son una trampa cruel. Ves lo que quiere mostrar, no lo que realmente siente. Y claro, ahí está: riéndose, saliendo, aparentemente feliz sin ti. Eso te destroza. Pero no es real. O no del todo. Y aunque lo fuera, ¿para qué seguir exponiéndote a ese castigo visual voluntario? Elimina, bloquea o silencia. Y no por rencor, sino por paz mental. Porque ver sus historias no es inocente. Es auto traición.

También está el contacto emocional disfrazado de contacto espiritual: ese "lo soñé anoche, seguro está pensando en mí" o "hoy escuché nuestra canción, debe ser una señal del universo". No, no lo es. Es tu mente buscando excusas para no soltar. Agradece el recuerdo… y suéltalo también.

Todo lo que te conecte con tu ex, ya sea por palabras, por vista, por chisme o por intuición selectiva, es contacto. Y todo contacto es retroceso. No necesitas saber cómo está. Necesitas saber cómo estás tú. No necesitas señales. Necesitas silencio. El tipo de silencio que no duele, sino que cura. Y solo llega cuando cierras todas las puertas… incluso las emocionales.

Cómo implementarlo: Bloquear, silenciar, evitar lugares comunes

Ya entendiste que el contacto cero es crucial. Ahora viene lo difícil: aplicarlo sin que te tiemble la mano ni la dignidad. Porque una cosa es decir "ya no le voy a hablar", y otra muy distinta es no escribirle cuando ves que subió una historia en la que aparece con alguien más… sonriendo. Así que aquí va una guía práctica y sin rodeos para poner el cero contacto en marcha de forma efectiva y, sobre todo, protectora.

Bloquear sin culpa ni explicaciones

Bloquear no es un acto de venganza ni de drama, es una decisión de cuidado personal. No necesitas avisar. No tienes que mandar un último mensaje tipo "me voy, cuídate mucho". Solo lo haces. Bloqueas el número, el WhatsApp, el Instagram, el Facebook, el correo electrónico y cualquier canal por el cual esa persona pueda reaparecer a dejarte migajas emocionales. No es crueldad, es instinto de preservación. Si alguien dejó heridas abiertas, no puede tener acceso libre a tu paz.

Silenciar todo lo que lo rodea (y lo que te lo recuerda)

¿Tienen amigos en común? Siléncialos. ¿Sigues a su tía que siempre comenta "mi niño hermoso"? Fuera. ¿Te salta una canción que solían escuchar? Adiós. Al principio puede parecer exagerado, pero no se trata de borrar el pasado, sino de proteger el presente. Cada pequeño recordatorio es una mini puñalada emocional. Y no necesitas coleccionar cuchillos cuando estás intentando cerrar heridas.

Evitar lugares comunes: tu GPS emocional necesita reconfiguración

Deja de aparecer "casualmente" por ese café donde solían ir, la calle donde vive, el bar donde trabaja su amigo, o cualquier lugar donde tus neuronas digan "quizás lo vea". No estás buscando café. Estás buscando migajas de atención. Y tú no estás hecha para mendigar amor en espacios que ya no te hacen bien. Cambia de ruta, descubre nuevos lugares, hazle unfollow también a los rincones que ya no te nutren.

Implementar el contacto cero requiere coraje. No porque sea radical, sino porque va en contra de todos tus impulsos afectivos. Pero esos impulsos ya no te sirven. Te ataban. Y este es el momento de soltar con firmeza. Hazlo con el mismo amor que un día entregaste. Solo que esta vez, dirígelo hacia ti. Porque cuando te proteges de lo que te hiere, ya estás empezando a sanar. Y eso sí que merece un bloqueo… y un aplauso.

Los “peros” y las excepciones (hijos, bienes compartidos): Estrategias para minimizarlos

Sabemos que, en un mundo ideal, el contacto cero sería tan sencillo como un “bloquear y olvidar”. Pero hay casos donde la realidad se mete con zapatos sucios y te dice: “No puedes desaparecer porque tienen un hijo juntos, un perro, una hipoteca o un carro a su nombre”. Y ahí es donde el duelo se complica, porque cortar de raíz no siempre es posible. Pero ojo: que no puedas cortar del todo no significa que no puedas protegerte.

Si hay hijos de por medio: comunicación limitada, clara y neutra

Tener un hijo en común no te obliga a seguir emocionalmente disponible para tu ex. Lo que se necesita es logística, no cariño. Crea acuerdos de comunicación que sean exclusivamente sobre el niño: horarios, decisiones médicas, actividades escolares. Nada de “¿cómo estás?” ni “me acordé de ti porque nuestro hijo tiene tu sonrisa”. No. Usa aplicaciones diseñadas para coparentalidad o mensajes escritos que dejen registro. Conversaciones breves, objetivas y sin adornos. Tú no eres su amiga, ni su confidente. Eres la madre de su hijo. Punto.

Si hay bienes compartidos: divide y entrega lo que sea posible

Cuando hay cosas materiales en el medio —un departamento, cuentas, deudas, muebles o el microondas que compraron juntos— lo mejor es resolver cuanto antes. Si pueden dividir sin drama, hazlo rápido. Si no, involucra a un tercero neutral: un abogado, un mediador o alguien cuerdo que no tome partido. Evita al máximo las reuniones cara a cara. No vayas a recoger cosas sola. No te sientes "a hablar" porque eso suele terminar con lágrimas, teorías, y a veces besos que confunden más. No estás para escenas de telenovela.

Establece límites firmes, aunque te tiemble el alma

Las excepciones no son excusas para abrir la puerta al desorden emocional. Si tienen que hablar, que sea en un canal claro, por escrito y sin adornos. Nada de llamadas nocturnas "porque el niño extraña". Si te pide hablar en persona, pregúntate: ¿es estrictamente necesario? ¿O está buscando una excusa para colarse en tu presente disfrazado de responsabilidad?

Y si aún conviven (porque la vida a veces es cruel)

Define espacios físicos y emocionales. Duerme en otra habitación. Hablen solo lo indispensable. No compartas tus emociones con quien ya no sabe sostenerlas. Y trabaja, a diario, en salir de esa convivencia lo antes posible. Cuanto más prolongues el "vivimos juntos, pero ya no somos nada", más tarde empieza tu sanación.

No puedes evitar todos los vínculos. Pero sí puedes reconfigurarlos. No se trata de ser fría, sino de ser clara. No se trata de vengarte, sino de protegerte. Y aunque haya "peros", recuerda esto: la prioridad ahora no es su comodidad, ni la nostalgia compartida. Es tu paz. Y esa no admite excepciones.

¿Quién eras antes de esta relación? Redescubriendo tu identidad

Cuando una relación se acaba, no solo duele la pérdida de la otra persona… duele también la pérdida de ti misma. Porque, sin darte cuenta, fuiste cediendo espacio, ajustando tus gustos, callando cosas, adaptándote. Y ahora que ya no está, te encuentras frente al espejo preguntándote: "¿Y yo qué quería? ¿Qué me gustaba hacer antes de todo esto? ¿Qué soñaba cuando todavía soñaba sola?"

Es normal sentirte perdida. Durante una relación, sobre todo si fue intensa o larga, tu identidad se mezcla con la del otro. Se convierte en un "nosotros" que eclipsa el "yo". Dejas hobbies, postergas planes, eliges películas que no te interesan, vas a lugares que nunca te gustaron tanto. Y lo peor es que muchas veces no lo haces por obligación, sino por amor. Por rutina. Por costumbre. Hasta que un día ya no sabes qué tan tuya es la vida que estás viviendo.

Ahora que estás sola, no es un castigo. Es una invitación. A buscar dentro de ti a esa versión que quedó esperando en una esquina. La que bailaba sin pensar en si lo hacías bien. La que se reía sola.

La que escribía, cantaba, salía, o simplemente se sentía suficiente sin tener que demostrarlo todo el tiempo. Redescubrirte es volver a conectar con esa mujer que no necesitaba que la eligieran para saber que valía.

Haz memoria. ¿Qué hacías antes de esa relación que te hacía sentir viva? ¿Qué abandonaste sin darte cuenta? ¿Con quién eras tú sin necesidad de explicarte? Recuperar tu identidad no es regresar al pasado, es traer al presente lo mejor de ti que habías olvidado. Y tal vez descubrir nuevas partes también, porque cada dolor abre puertas que antes no te animabas a cruzar.

Haz listas. Retoma actividades. Prueba cosas nuevas sin preguntarte si a él le hubieran gustado. Cambia tu cuarto, tu ropa, tu música. No porque necesites ser otra, sino porque estás volviendo a ti, con nuevas heridas, sí, pero también con más verdad. Más fuerza. Más claridad sobre lo que no quieres repetir.

No eres media naranja. No eres proyecto para completar. Eres una mujer entera, aunque por momentos no te sientas así. Y ahora que el "nosotros" quedó atrás, es tiempo de reencontrarte con la persona más importante de tu vida: tú. Sin filtros. Sin permisos. Sin disculpas. Porque redescubrirte no es solo parte del proceso… es el verdadero final feliz.

Hobbies, pasiones e intereses olvidados

Una de las secuelas silenciosas de muchas relaciones es el olvido de lo que un día te hizo brillar por dentro. Esos pequeños rituales que amabas, las actividades que te llenaban el alma, los sueños que escribiste en libretas y luego dejaste empolvarse porque "no había tiempo" o "ya no eran prioridad". Y ahora, que el amor se fue, te encuentras frente al vacío preguntándote: "¿Y yo qué hacía cuando era feliz sin depender de nadie?"

Quizás antes pintabas, aunque solo fueran garabatos, escribías sin que nadie te leyera, bailabas con una escoba como pareja o cantabas como si fueras parte de un musical. Tal vez te fascinaban los documentales de crímenes, las caminatas sin rumbo, las clases de algo inútil pero divertido, o soñar despierta con abrir una cafetería con libros y gatos. Cosas que hacías solo porque sí, porque te gustaban, porque te hacían sentir tú.

Cuando estás en una relación, muchas veces esas pasiones se apagan poco a poco. No es que alguien venga a quitártelas, es que tú misma, sin darte cuenta, vas dejando que se oxiden. Porque hay salidas en pareja. Porque hay horarios compartidos. Porque estás más pendiente del otro que de ti. Y así, lo que antes era fuego se vuelve ceniza silenciosa.

Este es el momento perfecto para barrer esas cenizas y avivar de nuevo las brasas. Retomar lo que dejaste. Probar lo que nunca te atreviste. No para impresionar a nadie, no para curar el corazón a la fuerza, sino porque lo mereces. Porque si vas a reconstruirte, mejor hacerlo desde el placer, desde la curiosidad, desde ese rincón tuyo donde nadie más manda.

Haz una lista de todo lo que alguna vez amaste hacer. Y si no recuerdas nada, prueba cosas nuevas como si fueras una adolescente con el corazón recién estrenado. Toma clases absurdas, aprende algo inútil, ve a museos, aunque no entiendas el arte, inscríbete en yoga, aunque seas más tabla que el piso. Hazlo todo. Y hazlo sin esperar aprobación.

Tus pasiones no eran hobbies: eran puentes a tu esencia. Y si dejaste de cruzarlos, hoy es el día de reconstruirlos. Porque en medio del duelo, del llanto, de la reconstrucción, también hay espacio para el gozo. Para la risa. Para volver a ti a través de lo que siempre te conectó con tu fuego interior. Tu ex se fue. Pero tus ganas, tus ideas, tu energía creativa siguen ahí. Y están esperando que las elijas. Esta vez, sin soltarte por nadie.

Definir tus valores y metas personales

Después de una ruptura, hay una pregunta que empieza a hacer eco en tu interior como una campanita insistente: "¿Y ahora qué?" Y aunque la tentación es llenar ese vacío con distracciones, la verdadera magia ocurre cuando te detienes y te preguntas: "¿Qué quiero de verdad? ¿Qué es importante para mí, sin él, sin nos, sin excusas?" Porque esta es tu oportunidad para volver a ti, no como quien regresa a lo conocido, sino como quien descubre un nuevo territorio con ojos más despiertos.

Definir tus valores es como afinar tu brújula interna. Son esas ideas innegociables que te sostienen incluso cuando todo se derrumba. Quizás el respeto, la libertad, la honestidad, la lealtad, la autenticidad, la paz. ¿Cuántas veces los sacrificaste por mantener la relación a flote? ¿Cuántas veces te traicionaste un poquito por no incomodar? Ahora es el momento de recuperarlos, de decir: "Esto sí. Esto ya no. Esto nunca más."

Y después vienen tus metas. No las compartidas, no las que se construyeron en plural, sino las tuyas. ¿Qué sueños postergaste? ¿Qué objetivos tenías antes de enamorarte? ¿Qué metas nuevas han nacido de este proceso? Quizás quieras mudarte, terminar tus estudios, abrir ese negocio que siempre imaginaste, escribir un libro, adoptar un gato o una cotorra, viajar sola, sanar tu cuerpo, hablar otro idioma, o simplemente aprender a estar contigo sin miedo. Todo eso vale. Todo eso cuenta.

Este es tu momento para escribir tu manifiesto personal. No para colgarlo en la pared, sino para recordártelo cada vez que la tristeza quiera arrastrarte a lo que ya no fue. No estás aquí solo para sobrevivir a una ruptura. Estás aquí para reconstruir tu vida desde lo que sí resuena contigo. Desde lo que te mueve. Desde lo que te hace sentido, aunque nadie más lo entienda.

Tus valores y tus metas son tu norte. Y cuanto más claro lo tengas, menos probabilidades habrá de volver a lo que te hizo desviarte. Porque una persona que sabe lo que quiere, no se conforma con menos. Ni con amores a medias, ni con relaciones que duelen más de lo que sanan.

Así que toma este tiempo no como un castigo, sino como una brújula caída que vuelve a colocarse en posición. Y recuerda: no se trata solo de definir quién eres sin esa relación. Se trata de elegir, con amor propio, quién vas a ser a partir de ahora. Y que esta vez, esa decisión no dependa de nadie más que de ti.

La importancia de la autonomía y la independencia emocional

Una de las grandes lecciones que deja una ruptura —después del llanto, las noches tristes y las conversaciones con tu amiga psicóloga sin título— es esta: no puedes seguir entregando las llaves de tu bienestar emocional a alguien más. Porque cuando tu estado de ánimo depende de si te contestan o no, de si suben una historia triste o feliz, de si te aman o te ignoran, estás viviendo en una cuerda floja emocional que tarde o temprano se rompe. Y siempre te caes tú, no ellos.

La autonomía emocional no significa encerrarte en una cueva y jurar que nunca más vas a amar. Significa aprender a estar contigo sin sentirte incompleta. Es reconocer que puedes llorar, extrañar y sanar… sin mendigar respuestas. Que puedes tener vínculos, sí, pero sin que tu identidad dependa de ellos. Que puedes estar en pareja sin convertirte en un satélite girando alrededor del otro como si tu existencia no tuviera órbita propia.

Cuando eres emocionalmente dependiente, todo gira en torno al miedo: miedo a que se vayan, miedo a no gustar, miedo a no ser suficiente. Y ese miedo te hace ceder, callarte, justificar cosas que te hacen daño. Pero cuando cultivas tu independencia emocional, no necesitas que nadie te valide constantemente, porque ya te elegiste tú. No como plan B. Como prioridad.

Ser autónoma no significa no necesitar a nadie. Significa saber que, aunque te falten, no te rompes. Significa que puedes estar sola sin estar vacía. Que sabes consolarte, ponerte límites, darte gusto y pedir ayuda sin sentir que tu mundo se acaba si no te responden de inmediato. Es construir dentro de ti el refugio que antes buscabas afuera.

Y no, no se logra de un día para otro. Es un trabajo constante. Es mirar tus heridas y decidir que no vas a usar a nadie más como parche. Que vas a sanar desde la raíz, con tiempo, con compasión, con decisiones firmes. Porque cuando te sostienes a ti misma, el mundo ya no se siente tan amenazante. Ya no eliges desde la carencia, sino desde el deseo. Ya no ruegas amor, lo compartes.

La independencia emocional es ese músculo que no se ve, pero se nota. En cómo hablas, en cómo decides, en cómo te cuidas. Y aunque se construye a solas, transforma todos tus vínculos. Porque cuando ya no necesitas que te amen para sentirte viva, entonces estás lista para amar de verdad. Libre. Entera. Inquebrantable.

Salud física: Alimentación, ejercicio, sueño

Cuando el corazón está en ruinas, el cuerpo lo siente. Pierdes el apetito o te comes el mundo en forma de papas fritas. Te despiertas a las tres de la mañana con el corazón acelerado, soñando que tu ex se arrepiente, o peor, que está feliz sin ti. Y el ejercicio… bueno, si levantaste algo esta semana, fue la bolsa de pan dulce. Y está bien. Al principio, el cuerpo entra en modo "supervivencia romántica". Pero no puedes quedarte a vivir ahí.

Tu salud física no es un lujo, es el soporte de todo tu proceso emocional. Cuidarla no significa meterte al gimnasio a gritarle al aire mientras haces sentadillas vengativas. Significa empezar, poco a poco, a recordarle a tu cuerpo que está a salvo, que no necesita vivir en alerta, que merece sentirse bien, aunque el corazón esté aprendiendo a latir de nuevo.

Alimentación: no más dieta del despecho

Si no puedes tragar ni aire, empieza con cosas suaves, nutritivas y cálidas. Sopas, frutas, batidos, lo que sea que no te revuelva el estómago, pero te dé energía. Y si te estás refugiando en el azúcar como si fuera tu nuevo amante, no te castigues, pero tampoco te sabotees. El equilibrio no viene en un día, viene con pequeñas decisiones que te digan “me importo, aunque esté rota”.

Ejercicio: moverte para no quedarte atrapada

No tienes que correr una maratón ni convertirte en atleta emocional. Basta con caminar, bailar sola en tu cuarto, hacer yoga con una app que no te juzgue, o simplemente estirarte. El movimiento saca el dolor del cuerpo. Te cambia el foco. Te recuerda que sigues aquí, en este cuerpo que tal vez olvidaste mientras estabas ocupada amando a alguien más.

Sueño: tu refugio sagrado

Dormir bien después de una ruptura puede parecer ciencia ficción. Te persiguen recuerdos, preguntas, silencios. Pero tu mente necesita descanso para procesar lo que estás viviendo. Apaga pantallas antes de dormir, crea una rutina suave (aunque sea una ducha y un té), y evita quedarte viendo memes de ruptura a las dos de la mañana. Si el insomnio persiste, no lo normalices: busca ayuda, busca herramientas, pero no sacrifiques tus noches.

Cuidar tu cuerpo es un acto radical de amor propio. Es decirle a tu sistema nervioso: “tranquilo, no vamos a morir por esto”. Porque no se trata de tener el abdomen plano o las ocho horas de sueño perfectas. Se trata de volver a habitarte. De tratarte con el mismo cariño que una vez tuviste con quien ya no está. Esta vez, la entrega es hacia ti. Y créeme: tu cuerpo lo va a agradecer. Y tu alma, también.

Salud mental: Meditación, terapia si es necesario

Una ruptura no solo te parte el corazón, también te sacude la mente como si alguien hubiera barajado tus pensamientos con los ojos cerrados. De repente, no sabes si vas o vienes, si estás triste, enojada, confundida o todo al mismo tiempo. Las noches se vuelven eternas, el insomnio se instala como inquilino, y tu cerebro decide hacer maratón de pensamientos catastróficos a las tres de la mañana. Es ahí donde tu salud mental necesita más que un meme de autoayuda. Necesita cuidados reales. Constantes. Amorosos.

La meditación: apagar el ruido para escucharte

No necesitas ser monje tibetano ni aprender sánscrito. Meditar no es dejar la mente en blanco (eso no lo logra ni el Dalái Lama con Wifi). Es sentarte unos minutos, respirar, observar lo que sientes sin pelear con ello. Es darte un momento al día para estar contigo sin exigencias. Hay miles de guías gratuitas, aplicaciones y videos que pueden ayudarte a empezar. Lo importante no es hacerlo perfecto, es hacerlo. Es dejar que el silencio haga lo que las palabras no pueden: ordenar el caos interno desde adentro.

La terapia: espacio seguro sin filtros ni juicios

Hablar con una persona capacitada para ayudarte no es señal de que estás mal, es señal de que te estás haciendo cargo. Una buena terapeuta no te va a decir lo que quieres oír, pero te va a acompañar a ver lo que necesitas entender. Te va a dar herramientas para salir del laberinto, para reconstruir tu autoestima, para dejar de buscar respuestas donde ya no hay preguntas. Y si sientes que sola no puedes, no lo tomes como derrota. Es coraje. Es madurez. Es autocuidado real.

Y si no puedes acceder a terapia ahora, hay otras puertas

Leer libros de psicología emocional, escuchar podcasts que no romantizan el sufrimiento, escribir lo que sientes sin censura, hablar con alguien que te escuche sin interrumpir. Todo eso también ayuda. Lo importante es no quedarte callada con el dolor en la garganta. No todo se sana sola. Y no todo se supera fingiendo que ya no duele.

Tu salud mental es la base de todo lo demás. Puedes comer sano, hacer ejercicio y dormir ocho horas, pero si tu mente está atrapada en el "¿por qué me dejó?", el cuerpo va a seguir en guerra. Así que respira. Habla. Busca ayuda si la necesitas. No estás loca. Estás sanando. Y eso, aunque parezca invisible, es el acto más valiente de todos.

Desarrollo personal: Aprender algo nuevo, leer, crecer

Después de una ruptura, hay un hueco. Emocional, mental, hasta logístico. De pronto te sobran tardes, pensamientos y canciones que ya no suenan igual. Lo bueno es que ese espacio que antes ocupaba una relación que ya no existe, ahora puede llenarse con algo infinitamente más poderoso: tu crecimiento. Porque sanar también es construir. Y una de las formas más lindas (y útiles) de sanar es evolucionar.

Aprender algo nuevo: que el corazón roto no te quite el hambre de aprender

No se trata de convertirte en una súper mujer multitasking solo para demostrar que estás "mejor que nunca". Se trata de regalarle a tu mente nuevas rutas por donde caminar. Aprender a cocinar, a editar videos, a tejer, a programar, a bailar bachata o hablar japonés. No importa qué. Lo que importa es que lo hagas por ti. Que descubras talentos dormidos o pasiones nuevas que nada tengan que ver con tu ex ni con el pasado. Aprender algo es recordarte que tu historia no terminó: apenas se está reescribiendo.

Leer: tu cerebro también necesita consuelo (y aventuras)

Un buen libro puede ser refugio, espejo o escalera. Puedes leer novelas que te transporten lejos de tu tristeza, ensayos que te hagan pensar distinto, poesía que te abrace el alma, o libros de autoexploración que te ayuden a entender por qué sigues buscando amor donde no hay. Lo importante es elegir textos que te nutran, no que te hundan. Nada de historias románticas con finales perfectos si eso te va a dejar llorando al cerrar la página. Lee lo que te alimente. No lo que te castigue.

Crecer: no como presión, sino como elección

Este es el momento perfecto para mirar hacia adentro con honestidad. ¿Qué patrones repites en tus relaciones? ¿Qué heridas aún guían tus decisiones? ¿Qué partes de ti necesitas reforzar para no volver al mismo lugar? Crecer duele, claro. Pero duele distinto al dolor de una ruptura. Duele como un estirón. Como cuando estás construyendo algo que sí vale la pena: tú misma.

El desarrollo personal no es una moda de Instagram ni una lista de tareas para presumir. Es un compromiso silencioso contigo. Es regalarte herramientas para que la próxima vez no elijas desde el miedo, sino desde la plenitud. Es demostrarte que no necesitas un corazón perfecto para avanzar. Solo uno dispuesto.

Y si alguien te pregunta qué estás haciendo con tu vida ahora que estás sola, puedes responder sin miedo: creciendo. Que no es rápido, ni fácil, ni siempre glamoroso. Pero es real. Y nadie te lo puede quitar. Ni siquiera tu ex.

Crear una rutina que te nutra

Después de una ruptura, los días se desordenan. La cama se vuelve trinchera, las horas pasan sin sentido y hasta lavarte el pelo se siente como una misión imposible. Pero en medio de ese caos emocional, crear una rutina no es solo una forma de poner orden: es una manera de volver a ti. Una rutina nutritiva no es rígida ni exigente. Es suave, flexible y hecha a tu medida. No para que seas productiva a toda costa, sino para que cada día te recuerde que mereces cuidado.

Mañanas con intención, no con prisa

Empieza por regalarte diez minutos antes de tocar el celular. Respira. Estírate. Toma agua. Pon música que no te destroce. Puedes escribir un par de líneas sobre cómo te sientes o simplemente decirte a ti misma “hoy me cuido”. No necesitas un ritual de mil pasos. Solo algo que te ancle al presente antes de que tu mente empiece a correr hacia el pasado.

Comidas que nutran, no que castiguen

No se trata de comer perfecto, sino de elegir alimentos que te hagan sentir viva y no culpable. Come con calma, aunque sea sola. Haz que el acto de alimentarte no sea un trámite ni una excusa para llenar vacíos. Prepararte algo rico es una forma simple pero poderosa de amor propio.

Movimiento diario, aunque sea mínimo

Caminar, estirarte, bailar en pijama, hacer yoga con una app gratuita. No estás entrenando para las olimpiadas emocionales. Solo estás ayudando a tu cuerpo a soltar tensión y recordarle que todavía puede moverse con libertad. A veces, veinte minutos de movimiento hacen más por ti que tres horas de drama mental.

Momentos para conectar contigo

Bloquea un espacio al día, aunque sea de quince minutos, solo para ti. Leer, escribir, meditar, dibujar, hacer algo que te guste o simplemente mirar por la ventana sin pensar en nada. No subestimes el poder de esos ratos silenciosos. Son bálsamo para el alma.

Noches que inviten al descanso, no al castigo mental

Evita revisar sus redes antes de dormir. No pongas música triste como si fueras protagonista de un videoclip dramático. Crea una rutina sencilla: una ducha caliente, una infusión, una lista de gratitud, o una lectura ligera. Tu cuerpo necesita saber que el día puede terminar en paz, incluso si el corazón sigue con puntadas.

Una rutina que te nutre no es una obligación. Es una declaración diaria de “me tengo a mí”. Y cuanto más te sostienes en lo cotidiano, menos espacio tiene la ansiedad para desordenarte. Porque al final, lo que sana no siempre son los grandes gestos, sino los pequeños actos de cuidado repetidos con amor. Cada día. Aunque cueste. Aunque duela. Aunque al principio solo estés sobreviviendo. Esa rutina también es parte de tu renacimiento. Y tú lo vales. Todos los días.

Establecer límites saludables en tus relaciones

Después de una ruptura, una de las lecciones más urgentes (y más incómodas) es esta: necesitas límites. No muros, no barreras emocionales impenetrables, sino límites reales, conscientes y amorosos. Porque parte de sanar no es solo dejar de extrañar a quien se fue, sino dejar de traicionarte a ti misma cada vez que alguien cruza una línea y tú sonríes como si nada.

Un límite saludable es una declaración silenciosa que dice: esto soy yo, esto no me lo paso por alto, esto no lo permito más. No es frialdad. No es egoísmo. Es claridad. Y la claridad te cuida, te ordena, te da paz. Aprender a poner límites no se trata de alejar a los demás, sino de acercarte más a ti.

1. No tienes que justificar lo que te incomoda

Si algo te molesta, no necesitas explicar tu historia de trauma, astrología o infancia entera para que tenga valor. Basta con que te incomode para que merezca ser atendido. No es no. Punto. Aunque a la otra persona le parezca exagerado. No estás para convencer a nadie de respetarte.

2. El silencio también es un límite

No responder mensajes innecesarios, no seguir conversaciones que te desgastan, no acudir cada vez que alguien te necesita como si fueras ambulancia emocional. El silencio también dice "hasta aquí". No lo subestimes. Usado con intención, puede ser más firme que mil discursos.

3. Poner distancia no es ser mala persona

A veces hay que alejarse de personas que no saben o no quieren tratarte bien. Incluso si son familia. Incluso si son amigos de años. Incluso si te dicen "tú has cambiado". Claro que cambiaste. Dejaste de aguantar lo que antes callabas. No estás siendo cruel. Estás siendo clara.

4. Aprende a decir no sin dar mil excusas

No quiero. No puedo. No me hace bien. No me nace. No necesito explicarlo. Este tipo de "no" te va a costar al principio, sobre todo si eras de las que decían sí por miedo a incomodar. Pero es el tipo de no que te libera. Y te cuida. Y te recuerda que nadie está por encima de tu paz.

5. Los límites no se piden, se ponen

No se trata de rogar respeto. Se trata de sostenerlo tú. Si alguien insiste en cruzar tus límites, no necesitas pelearte ni dar discursos eternos. Te retiras. Cambias el tono. Tomas distancia. Y lo haces con la frente en alto. No con culpa. Con convicción.

Establecer límites es la forma más práctica de amarte. No se trata de imponerlos con rabia, sino de mantenerlos con firmeza. Dejar claro dónde termina el otro y dónde empiezas tú. Porque no todo el que te quiere te cuida. Pero tú sí puedes hacerlo. Y desde ahora, lo vas a hacer. Sin miedo. Sin drama. Con amor propio como bandera.

Conocer gente nueva (no románticamente): Grupos, actividades

Después de una ruptura, es fácil caer en la trampa de pensar que solo sanarás cuando alguien nuevo te vuelva a mirar como lo hacía tu ex (o como creías que lo hacía). Pero no todo nuevo comienzo tiene que ver con romance. A veces, lo que más necesitas es volver a conectar con otras personas desde la risa, la curiosidad, los intereses compartidos… sin besos, sin expectativas, sin dramas.

Conocer gente nueva sin el filtro del "¿será que pasa algo?" es una bocanada de aire fresco. Te recuerda que el mundo es más grande que una relación rota. Que hay vida más allá de las apps de citas, y que puedes compartir momentos genuinos sin estar emocionalmente en llamas.

Grupos de interés: tu tribu está ahí afuera, pero no llega sola

Busca espacios que reúnan gente con gustos similares: talleres de escritura, clubes de lectura, grupos de senderismo, clases de cocina, círculos de meditación, teatro comunitario, jardinería urbana, clases de cerámica o incluso cursos online con foros activos. No importa si eres tímida o llegas sola. La mayoría está ahí por lo mismo: por compartir algo distinto, por romper la rutina, por sumar.

Voluntariado: el antídoto perfecto contra el aislamiento emocional

Ayudar a otros es una de las formas más bonitas de ayudarte a ti. Puedes colaborar en refugios de animales, bancos de alimentos, bibliotecas, actividades con niños o programas ecológicos. Allí conocerás personas con sensibilidad, compromiso y, lo mejor, sin necesidad de hablar del ex ni fingir que estás bien. Solo estar. Y sumar. Y dejarte sorprender.

Eventos culturales y talleres exprés: probar sin comprometerte

A veces lo mejor es simplemente probar. Ir a una feria de arte, una charla en un café, un curso de fin de semana. Algo que no te obligue a seguir yendo si no te gusta, pero que te dé el impulso para salir de casa y exponerte al mundo. No necesitas grandes vínculos al principio. Solo nuevos escenarios donde no todo huela a pasado.

Espacios digitales sanos: sí, también existen

Redes sociales bien utilizadas, comunidades temáticas, grupos sobre temas que te apasionan.

Sí, se puede conocer gente interesante en internet sin terminar emocionalmente enredada. La clave es el propósito, no la urgencia de llenar un vacío.

Salir al mundo sin buscar pareja, solo por el placer de volver a pertenecer a algo más amplio que tu dolor, es un acto de valentía. Y te recuerda algo muy poderoso: no estás sola. Nunca lo estuviste. Solo que ahora, por fin, estás lista para mirar más allá del espejo roto. Y encontrarte, también, en otros. Sin prisas. Sin corazas. Sin necesidad de romance para sentirte viva otra vez.

La diferencia entre apoyo y dependencia

Después de una ruptura, es normal sentir que te falta el piso. Que necesitas hablar con alguien, aferrarte a quien te escuche, que alguien te diga qué hacer cuando ni tú sabes cómo levantarte. Y sí, buscar apoyo es sano, necesario, vital. Pero cuidado: apoyo no es lo mismo que dependencia. Una te sostiene. La otra te ahoga.

El apoyo es compañía, no salvación. Es cuando puedes hablar con tus amigas, llorar con tu hermana, consultar con tu terapeuta o abrazar a tu perro sin esperar que ellos resuelvan tu vida por ti. Es cuando sientes contención sin perder autonomía. Puedes compartir tu dolor sin que otro cargue con él. Puedes escuchar consejos sin entregarle el timón de tu proceso a nadie. El apoyo es esa red invisible que te sostiene… pero no camina por ti.

La dependencia, en cambio, es cuando no puedes respirar si esa persona no te responde. Cuando necesitas aprobación constante para cada decisión. Cuando no sabes quién eres fuera del vínculo. Cuando conviertes a alguien en tu centro emocional, en tu única fuente de estabilidad, en tu "todo". Y eso, aunque venga disfrazado de amor o amistad, es una cárcel que se disfraza de refugio.

Depender emocionalmente de alguien es pedir que te cuide como si fueras frágil. Apoyarte es saber que estás rota, sí, pero en reconstrucción. Una persona que te apoya te da espacio, no control. Te escucha, pero no te dirige. Te consuela, pero no te anula. Y tú, al apoyarte, mantienes el poder sobre tu proceso.

¿La diferencia clave? El apoyo te fortalece. La dependencia te debilita. Una te conecta contigo. La otra te desconecta de ti.

Estás en un momento vulnerable, sí. Pero eso no significa que necesites volver a entregarte por completo a otro ser humano para sentirte segura. Lo que necesitas es rodearte de quienes te recuerdan tu fuerza cuando tú la olvidas. De quienes no te resuelven la vida, pero caminan a tu lado mientras tú la reconstruyes.

Apóyate, claro que sí. Llora en hombros sinceros. Pide ayuda. Pero nunca te olvides de ti en el proceso. Porque nadie va a salvarte como tú puedes hacerlo. Y cuando lo hagas, desde el apoyo y no desde la dependencia, vas a sentir algo increíble: libertad. Y esa sí que no se negocia.

Reflexionar sobre la relación: ¿Qué aprendí?

Después de una ruptura, llega un momento en el que el llanto se calma, el drama se desgasta y el silencio empieza a hacer espacio para una pregunta incómoda pero poderosa: ¿qué aprendí de todo esto? Y no se trata de buscarle el lado positivo al dolor por obligación, ni de convertir el sufrimiento en poesía de inmediato, sino de mirar atrás con honestidad y sacar algo valioso de una historia que ya terminó.

Quizás aprendiste lo que ya no estás dispuesta a tolerar. Tal vez entendiste que no basta con amar: también hace falta respeto, reciprocidad, presencia, verdad. Puede que descubrieras cuánto te adaptaste para encajar en algo que no te dejaba espacio para respirar. O cuánto te abandonaste por miedo a quedarte sola. Todo eso también cuenta. Y mucho.

Aprender no significa justificar lo que te dolió. Significa reconocer las señales que ignoraste, los límites que no pusiste, las veces que te traicionaste en nombre del "nosotros". Significa ver las dinámicas con ojos más claros, no para castigarte, sino para crecer. Porque nadie sale ilesa del amor, pero también nadie sale igual. Y si no puedes evitar el golpe, al menos puedes elegir qué haces con lo que queda.

Quizás también aprendiste cosas lindas: que eres capaz de entregarte, de apostar por un vínculo, de construir desde el cariño. Que tu capacidad de amar sigue viva, aunque alguien no haya sabido valorarla. Que puedes volver a confiar, a sentir, a compartir. Que el amor no fue un error, aunque el final haya dolido.

Pregúntate con honestidad: ¿qué partes de mí crecieron? ¿Qué heridas estaban ahí desde antes? ¿Qué red flags pasé por alto por miedo al abandono? ¿Qué aprendí sobre mi forma de amar y ser amada? No para hacerte reproches, sino para no repetir el ciclo con un nuevo nombre.

La reflexión no llega de golpe. Viene en oleadas, a veces entre risas, a veces entre lágrimas, a veces en medio de una canción o en una conversación casual. Pero cuando llega, algo cambia: dejas de mirar la relación con nostalgia o rabia, y empiezas a verla como una maestra dura, sí… pero necesaria.

No todas las relaciones están hechas para quedarse. Algunas vienen solo a mostrarte lo que aún te falta por sanar, lo que mereces y lo que ya no vas a permitir. Si eso aprendiste, entonces no fue en vano. Fue lección. Fue tránsito. Fue parte de tu historia. Y ahora, con todo lo aprendido, viene la parte más importante: escribir la nueva. Contigo como protagonista. Sin repetir lo que ya entendiste. Y sin soltar lo que por fin descubriste de ti.

Identificar patrones negativos en tus relaciones

Una de las cosas más poderosas que puedes hacer después de una ruptura —y también una de las más incómodas— es mirarte al espejo emocional sin filtros y preguntarte: ¿Qué tiendo a repetir en mis relaciones? Porque por más que cambie la cara del ex, si el guion emocional es el mismo, el final también lo será.

Los patrones negativos no son casualidades del destino ni mala suerte romántica. Son repeticiones que nacen de heridas antiguas, creencias equivocadas o necesidades mal entendidas. Y si no los identificas, terminas atrayendo el mismo tipo de historia con distinto nombre y nuevo perfume.

¿Siempre eliges personas emocionalmente indisponibles? ¿Te cuesta poner límites y terminas dando más de lo que recibes? ¿Confundes intensidad con amor? ¿Te enganchas con quien necesita "salvarse" y tú te pones la capa de heroína? ¿Toleras faltas de respeto porque "nadie es perfecto"? ¿Te aferras a lo poco por miedo a quedarte sin nada?

Todos esos son patrones. Y no se rompen hasta que los ves con claridad y sin excusas. La clave está en reconocer que tú también participaste de la dinámica. No para culparte, sino para empoderarte. Porque si fuiste parte del ciclo, también puedes elegir salir de él.

Haz una lista brutalmente honesta de lo que se repitió en tus relaciones pasadas. ¿Qué toleraste en silencio? ¿Qué ignoraste, aunque sabías que te haría daño? ¿Qué parte de ti buscaba en otros lo que no sabías darte sola? Es incómodo, sí. Pero es el inicio de la libertad emocional.

Y una vez que los identifiques, ponles nombre. Escríbelos. Léelos. Háblalos en voz alta si es necesario. Mientras más conscientes los hagas, menos probabilidades habrá de volver a caer en ellos por inercia. Porque no se trata de prometer que no te volverás a equivocar. Se trata de reconocer desde dónde estabas eligiendo… y elegir distinto.

Sanar no es borrar lo vivido. Es comprenderlo. Es decirte: ya entendí por qué elegí así, pero ahora ya no soy esa versión de mí que se conformaba, que se callaba, que se perdía. Porque una vez que ves el patrón, ya no puedes esconderlo. Y con esa conciencia, estás mucho más cerca de construir relaciones donde no tengas que mendigar lo que ahora sabes que mereces.

Perdonar (a ti misma y a tu ex, si es posible y saludable)

La palabra perdón suena bonita en teoría, pero cuando estás con el corazón roto y una lista mental de heridas todavía palpitando, lo último que quieres es "soltar con amor". Porque, seamos honestas, a veces quieres soltar con una cachetada verbal, con un reclamo que nunca diste, con una lista detallada de todo lo que te dolió. Y está bien sentir eso. El perdón no empieza desde la paz, sino desde la herida.

Pero eventualmente, si quieres sanar de verdad, tendrás que pasar por ese terreno complicado del perdón. Y no por el otro. Por ti. Porque cargar con rencor, con culpa, con reproches repetidos es como llevar una mochila llena de piedras emocionales que no te dejan avanzar. Y tú no estás aquí para arrastrarte por el pasado. Estás aquí para soltarlo sin que te arrastre a ti.

Perdonarte a ti misma es el primer paso

Perdón por haberte quedado de más. Por haberte callado. Por haber creído en excusas. Por haberte perdido en el intento de amar. No eras tonta. Estabas enamorada. Estabas aprendiendo. Estabas apostando. Hiciste lo mejor que pudiste con lo que sabías en ese momento. Y ahora, sabes más. Ahora, te eliges. Así que no te sigas castigando por no haber sabido antes lo que ahora comprendes con dolor.

Perdonar a tu ex (si es posible y saludable)

Esto no se trata de justificar lo que te hizo. No se trata de decir "no fue tan grave" ni de volver a sonreírle por cortesía emocional. Perdonar a tu ex no significa que debas volver a hablarle, ni mantener amistad, ni borrar todo lo que dolió. Significa dejar de desearle castigo. Dejar de repetir sus errores en tu cabeza. Dejar de darle espacio en tu paz mental.

Y si no puedes perdonar todavía, no te fuerces. No todos los perdones llegan a tiempo. A veces, el verdadero perdón ocurre cuando ya ni siquiera estás pensando en ello. Pero lo importante es que no te quedes atrapada en el odio, porque el odio también ata. También enlaza. También te roba energía.

Perdonar es soltar la ilusión de que el pasado puede cambiar. Es aceptar que lo que fue, fue. Que tú ya no estás ahí. Que puedes mirar atrás sin quedarte estancada. Y que puedes seguir adelante más liviana, sin cargar con lo que no puedes arreglar.

No es fácil. No es rápido. Pero sí es liberador. Y no se hace por el otro. Se hace por ti. Para que tu historia no se quede estancada en un capítulo de dolor. Para que, cuando cierres este libro, no lo cierres con rabia, sino con calma. Con fuerza. Con dignidad. Y con el perdón suficiente como para no repetir lo que ya no quieres volver a vivir.

Romper el ciclo: Cómo evitar repetir los mismos errores

Salir de una relación duele, pero repetir la misma historia con distinto nombre duele más. Porque no hay nada más frustrante que pensar "esta vez será diferente" ... y encontrarte en el mismo bucle emocional, con las mismas heridas, las mismas promesas rotas, las mismas lágrimas en nuevos platos. Romper el ciclo no es suerte, es conciencia. Y sí, cuesta. Pero es el camino más corto hacia una vida emocional más libre, más sana, más tú.

El primer paso: reconoce tu parte con honestidad brutal

No se trata de culparte, sino de mirarte sin disfraz. ¿Dónde entregaste más de la cuenta? ¿Qué señales ignoraste? ¿Qué promesas te hiciste y luego rompiste tú misma? ¿Qué patrón sigues atrayendo: amores ausentes, dependientes, ¿desiguales? El ciclo solo se rompe cuando te haces responsable de tus elecciones, sin excusas y sin romanticismos.

Segundo: deja de idealizar el amor como salvación

No estás incompleta. No necesitas a alguien que venga a "rescatarte", ni a una relación que te haga sentir valiosa. Mientras sigas buscando a alguien que te arregle, vas a seguir cayendo en vínculos donde terminas rota. El amor no es parche emocional, es un complemento de lo que tú ya eres. Y tú ya eres suficiente.

Tercero: define tus límites antes de enamorarte, no después

Si no sabes lo que no vas a tolerar, terminarás tolerándolo. Haz una lista de tus no negociables y tenla clara antes de volver a abrir el corazón. Porque cuando no tienes límites definidos, te vuelves moldeable al deseo ajeno. Y eso, tarde o temprano, te arrasa.

Cuarto: escucha más lo que sientes que lo que te dicen

Las palabras enamoran, pero las acciones revelan. Deja de justificar incongruencias con excusas del tipo "pero es que a veces sí me demuestra que le importo". A veces no es suficiente. El patrón se repite cuando escuchas promesas y callas tu intuición. La próxima vez, cree más en lo que te incomoda que en lo que te ilusiona.

Quinto: no confundas intensidad con amor verdadero

El drama, los altibajos, los celos disfrazados de pasión... todo eso puede sentirse adictivo, pero no es amor sano. Es montaña rusa emocional. Y cada vez que subes sin cinturón emocional, caes más fuerte. El amor real no te hace temblar de ansiedad. Te da paz.

Y, por último: haz del autoconocimiento tu brújula

Haz terapia si puedes. Escribe. Lee. Habla contigo con sinceridad. Aprende de ti. Porque cuanto más te conoces, menos te traicionas. Y cuando no te traicionas, eliges mejor. Ya no desde el hambre emocional, sino desde la plenitud.

Romper el ciclo no es prometer que nunca más vas a fallar. Es decidir que esta vez no vas a ignorarte a ti misma. Que ya no vas a entrar a una relación con la venda puesta. Que no necesitas repetir la lección para aprenderla. Porque esta vez, ya no se trata de encontrar al amor de tu vida. Se trata de no volver a perderte por nadie. Y eso, sí que es amor. Del bueno. Del que empieza contigo.

Nostalgia idealizada vs. realidad

Uno de los enemigos más silenciosos después de una ruptura no es tu ex… es tu memoria selectiva. Esa que borra todas las discusiones, minimiza las lágrimas y convierte cualquier momento bonito en un poema épico digno de Netflix. De pronto, extrañas cosas que ni siquiera te gustaban tanto. Extrañas la rutina, los buenos días con emojis, el olor de su perfume, cómo te abrazaba cuando ya no sabías ni por qué estaban juntos. ¿Te suena? Eso no es amor. Es nostalgia idealizada. Y es una trampa.

La nostalgia idealizada es como una película mal editada: solo quedaron las mejores escenas, con música de fondo, iluminación perfecta y silencios significativos. Pero si rebobinas con honestidad, también hay capítulos que duelen, diálogos que te rompieron, gestos que ignoraste y vacíos que llenabas a fuerza de esperanza. No te engañes: lo extrañas, sí… pero no todo era tan hermoso como tu mente quiere hacerte creer.

Y no, no estás loca. El cerebro lo hace por supervivencia. A veces se aferra a lo bueno para justificar lo que dolió. Porque duele menos pensar que perdiste algo hermoso que aceptar que estuviste en un lugar que no era sano. Pero idealizar el pasado es el camino más directo para recaer, para volver, para repetir. Porque confunde "fue bonito por momentos" con "todavía puede funcionar".

Entonces, ¿cómo frenar esa nostalgia que embellece lo que te hizo mal? Recordando los detalles concretos. ¿Cómo te sentías contigo misma cuando estabas con esa persona? ¿Cuántas veces te acostaste con nudos en la garganta? ¿Qué cosas dejaste de ser, de hacer, de decir por mantener la paz? Haz listas. Escribe lo que dolió, lo que callaste, lo que toleraste. No para odiar. Para recordar con claridad.

No se trata de borrar los momentos lindos. Se trata de dejar de convertirlos en excusa para volver a lo que ya no te corresponde. A veces el amor existió, sí… pero no alcanzó. A veces fue real, pero no fue justo. A veces lo diste todo y eso no fue suficiente. Y eso también es parte de la realidad. Aceptarla no significa dejar de sentir. Significa dejar de mentirte.

La nostalgia idealizada es cómoda, pero no te deja avanzar. La realidad, en cambio, a veces duele… pero libera. Y solo desde esa verdad puedes empezar a escribir algo nuevo. Algo más tuyo.

Algo que no tengas que embellecer para soportar. Porque esta vez, no se trata de recordar lo bueno. Se trata de construir algo que no tengas que olvidar.

Miedo a la soledad, la presión social

Uno de los monstruos más grandes que aparecen después de una ruptura no tiene cara de ex, sino de vacío. Es ese miedo a la soledad que se cuela en la casa cuando apagas las luces, cuando ya no hay mensajes de buenas noches, cuando nadie te pregunta cómo fue tu día. Y a ese miedo se le suma otra voz molesta: la de la presión social, que no solo opina, sino que te susurra cosas tipo "ya deberías estar con alguien más" o "¿y tú para cuándo?".

El miedo a estar sola no es debilidad, es humano. Nos enseñaron desde siempre que el amor es meta, destino, medalla. Que, si no tienes pareja, estás incompleta. Que la soltería es una especie de sala de espera incómoda. Pero no lo es. La soledad no es fracaso. Es espacio. Es silencio fértil. Es el lugar donde vuelves a escucharte después de tanto ruido ajeno.

Estar sola no significa estar vacía. Significa estar contigo. Y eso, al principio, puede dar vértigo, porque no estamos acostumbradas a elegirnos sin testigos. Pero también es ahí donde creces, donde recuperas partes tuyas que se diluyeron entre citas, sacrificios y concesiones.

¿Y la presión social? Que espere. Que opine sola. Que haga fila. No estás aquí para encajar en moldes. No debes tener pareja a cierta edad, ni casarte por cumplir, ni aparentar felicidad en redes con alguien solo para evitar preguntas incómodas en reuniones familiares. Tu paz vale más que cualquier "¿y tu novio?". La vida no es una carrera de bodas ni un desfile de fotos en pareja. Es un camino que se transita mejor cuando no te abandonas por miedo a estar sin compañía.

Estás sola ahora, sí. Pero no estás incompleta. Estás contigo. Y cuando aprendes a estar contigo sin que te duela, sin correr a llenar el espacio con lo que sea, entonces sí estás lista para amar de nuevo. No por necesidad. Por elección. Y ahí, justo ahí, el miedo a la soledad ya no tiene poder. Porque descubriste que no necesitas a nadie para sentirte acompañada, mientras tú no te vuelvas a dejar sola. Nunca más.

La “zona de confort” de lo conocido

Pocas cosas son tan adictivas como lo que ya conoces, incluso si te duele. Por eso tantas personas vuelven con sus ex, aunque sepan que no les conviene. Por eso te descubres leyendo conversaciones viejas, recordando solo lo bueno, preguntándote si realmente era tan malo. La razón no siempre es amor. Muchas veces es costumbre. Seguridad emocional falsa. La zona de confort donde, aunque te faltaba algo, sabías cómo sobrevivir.

Esa zona es traicionera. No porque sea cómoda, sino porque es familiar. Y lo familiar, por muy tóxico que sea, puede sentirse más seguro que lo nuevo. Tu mente prefiere lo conocido, incluso si te arrastra al mismo dolor. Porque ya aprendiste a caminar con heridas. Lo que no sabes es cómo se camina sin ellas. Y eso da miedo.

Salir de ahí es como soltar una cuerda sin saber si abajo hay red. Es sentir que estás sola, desprotegida, sin referencia. Pero ¿sabes qué? Esa cuerda no te sostenía. Te ataba. Te mantenía girando en el mismo punto, llamando “amor” a lo que muchas veces era ansiedad disfrazada.

La zona de confort es ese lugar donde te repetías "no está tan mal" mientras tu autoestima se deshacía en silencio. Donde hacías malabares emocionales para justificar lo que no tenía justificación. Donde eras mitad tú, mitad miedo al cambio.

Y sí, salir de ahí incomoda. Vas a sentir nostalgia, dudas, tentaciones de volver. Pero si te mantienes firme, un día te das cuenta de que lo que parecía seguridad era resignación. Que lo que llamabas amor era necesidad. Y que fuera de esa zona hay vida. Hay nuevas versiones de ti que no conoces porque nunca las dejaste respirar.

Salir de la zona de confort no significa que vas a estar bien de inmediato. Significa que te eliges, aunque duela. Que apuestas por lo desconocido con la esperanza de que, esta vez, no tengas que encogerte para encajar.

Porque cuando dejas lo conocido que te hace daño, haces espacio para lo desconocido que te puede sanar. Y ahí empieza la verdadera libertad: cuando eliges el riesgo de crecer por encima del miedo a repetir. Porque mereces más que sobrevivir. Mereces descubrir lo que hay fuera del círculo que ya no te contiene.

Los intentos de tu ex de volver (y cómo manejarlos)

Parece ley universal: justo cuando empiezas a respirar mejor, cuando dejas de revisar su perfil, cuando por fin logras dormir sin revisar el celular... aparece. Tu ex. Como si lo hubiera invocado tu progreso. A veces con un mensaje críptico tipo "¿cómo estás?", otras con una excusa absurda como "me acordé de ti porque encontré tu cargador", y en los casos más descarados, con una declaración digna de telenovela: "me di cuenta de que te amo". Ajá.

Que tu ex quiera volver no significa que deba hacerlo. Una recaída no es una señal divina. Es solo eso: una recaída. Y tu trabajo no es analizar si esta vez es real. Tu trabajo es preguntarte si esta vez tú estás dispuesta a volver al mismo lugar que te dolió.

Primero: detente y respira

No respondas en caliente. No te ilusiones en frío. Hazle un favor a tu sanidad mental: guarda el mensaje, toma distancia y pregúntate si lo que sientes es amor... o adicción a lo conocido. A veces no extrañas a la persona, sino la rutina, la validación, el papel que tenías al lado de alguien.

Segundo: recuerda por qué terminó

Haz memoria, no desde la melancolía, sino desde la claridad. ¿Qué te hizo llorar? ¿Qué partes de ti se apagaron estando ahí? ¿Cuánto te costó salir? Releer conversaciones, revisar diarios, hablar con una amiga que vivió el proceso contigo puede devolverte el foco. El amor sano no se va por descuido ni aparece solo cuando te pierde.

Tercero: evalúa sus intenciones, no sus palabras

¿Vuelve porque te ama o porque no soporta verte avanzar? ¿Vuelve cuando te ve fuerte o cuando sabe que estás vulnerable? ¿Vuelve con hechos nuevos o con las mismas promesas recicladas? Un "he cambiado" sin prueba no vale nada. El arrepentimiento real se ve, no se dice.

Cuarto: decide con firmeza, no con nostalgia

Si decides no abrir la puerta, que sea por ti. No por rabia. No por orgullo. Por paz. Por dignidad. Porque mereces un amor que no te tenga que perder para valorarte. Si decides escuchar, hazlo desde tu versión actual, no desde la que todavía esperaba migajas.

Y si lo bloqueaste y aun así insiste, recuerda: insistir no es amor. Es ego. Y el amor que regresa por impulso no suele quedarse con compromiso.

Así que protégelo todo: tu proceso, tu paz, tu nueva vida.

Porque esta vez no estás para repetir. Estás para elegirte. Incluso si tiembla la mano. Incluso si duele. Incluso si parte de ti quiere decir “sí”. Elige tu evolución. No tu pasado. Tu ex ya tuvo su oportunidad. Ahora la tienes tú. Contigo. Para siempre.

Recordatorios de por qué la relación terminó

Cuando el corazón empieza a sanar, pero la mente se pone nostálgica, aparecen los famosos "tal vez no fue tan malo", "seguro exageré", o el clásico "quizás cambiemos los dos y esta vez sí funcione". No. Alto. Respira. Ese no es el universo dándote una señal, es tu memoria haciéndote trampa. Y por eso, necesitas recordatorios claros, frontales y sin azúcar añadida de por qué esa relación se terminó. Porque si no, corres el riesgo de romantizar tu propia herida.

1. Te sentías sola incluso cuando estabas acompañada

Una pareja que no está emocionalmente presente no es compañía, es un espejo vacío. Estabas ahí, pero te sentías ignorada, no escuchada, no vista. Y eso, con el tiempo, te rompió más que cualquier discusión.

2. Te desgastaste intentando salvar algo que no era tuyo sola

Pusiste de tu parte. De más. Justificaste, perdonaste, diste oportunidades que no se ganaron. Pero una relación no se levanta a base de parches, sacrificios y esperanzas unilaterales. No es amor si solo tú empujabas el barco.

3. Te anulaste para no incomodar

Te callaste lo que te dolía. Te adaptaste. Cediste. Te convertiste en la versión menos libre de ti misma para mantener la paz. Y ese "amor" que te exigía dejar de ser tú no era amor. Era control, miedo o dependencia.

4. No te valoraron como merecías

Quizás hubo desprecios sutiles. Críticas constantes. Indiferencia. O simplemente una falta de reciprocidad que te dejaba emocionalmente vacía. El amor que no te cuida, que no te respeta, que no te celebra… no es amor, por más besos que haya habido.

5. Te rompieron la confianza (y la cicatriz aún arde)

Una traición, una mentira, una infidelidad, o muchas pequeñas decepciones que te hicieron vivir en alerta. Estabas en modo "detective emocional" todo el tiempo. Y una relación que necesita vigilancia no es un hogar. Es una guerra fría.

6. No eras feliz, aunque te lo repetías como mantra

Intentaste convencerte de que era normal sentirse así. Que todas las parejas pasan por esto. Que tal vez el problema eras tú. Pero tu cuerpo no miente. Tus noches en vela, tus lágrimas, tus dudas constantes… eso era tu intuición gritando.

7. Salir te costó tanto, que volver sería traicionarte

No olvides cuánto te dolió irte. Cuánto luchaste contra ti misma para no regresar. Cuánto te costó reconstruir tu rutina, tu autoestima, tu identidad. Volver no es romántico. Es volver a romperte con los ojos abiertos.

Estos recordatorios no son para odiar, ni para vivir con rencor. Son para mantenerte firme. Para que no regreses a lo que ya te demostró que no era tu lugar. Porque cada vez que tu corazón se ablande con recuerdos dulces, estos motivos estarán ahí para recordarte la verdad completa. Y la verdad es clara: saliste porque merecías más. Y todavía lo mereces. No lo olvides. Nunca más.

Tener un "plan de escape" para momentos de debilidad

Porque sí, va a pasar. Habrá un día gris, una noche de insomnio, una canción traicionera, o simplemente una ráfaga de soledad que te golpea el pecho con ganas de escribirle "hola, ¿cómo estás?". Y en ese instante, tu cerebro emocional va a buscar excusas ("solo quiero saber si está bien"), tu ego va a querer comprobar si te extraña, y tu herida va a gritar que tal vez, solo tal vez, debas volver. Por eso necesitas un plan de escape antes de que la debilidad te agarre sin preparación.

1. Tu "caja de emergencia emocional"

Literal o simbólica, ten una lista con recordatorios de por qué saliste: frases, entradas de diario, canciones de poder o esa foto donde ya ni tú te reconocías de tanto dolor. Tu yo del presente tiene que proteger a tu yo del futuro cuando flaquee. Déjale pistas para no perderse.

2. Crea una lista de acciones concretas

– Llama a esa amiga que no te deja recaer

– Sal a caminar sin celular

– Ve a ducharte como si fuera un ritual de purificación

– Relee este libro o este capítulo

– Ponte una película donde el protagonista no vuelva con su ex

En momentos de debilidad, el cerebro necesita estructura, no reflexiones profundas.

3. Bloqueo preventivo: sin acceso, sin recaídas

Si sabes que verlo en línea te tienta, si sabes que una historia te desestabiliza… silencia, elimina, bloquea. No para castigarlo. Para protegerte. Y si lo desbloqueaste "solo por curiosidad", vuelve a bloquear sin drama. Tu paz vale más que esa duda.

4. Ten frases cortas que corten la recaída

Escribe una frase tipo "si vuelvo, me vuelvo a perder" o "ya me prometí no mendigar cariño" y pégala en tu espejo, en el fondo de pantalla, en la puerta del refri. En momentos de impulsividad, una frase clara puede ser un ancla.

5. Haz un pacto contigo misma

Prométete que antes de escribirle o recaer, vas a hacer al menos tres cosas de tu lista. Si después de eso todavía quieres volver… ok, pero haz el proceso completo. Nueve de cada diez veces, no querrás.

6. Recuerda: es una emoción, no una orden

Tener un bajón no significa que debas actuar. El deseo de volver es como un antojo emocional: si lo dejas pasar, baja. No necesitas "resolverlo" en el momento. Solo respirar, resistir, y dejar que el impulso no te gobierne.

Tener un plan no te hace débil. Te hace sabia. Porque no se trata de no sentir, sino de no dejar que una emoción temporal destruya todo lo que has construido. Tu paz no se negocia en una noche de nostalgia. Prepárate para los momentos vulnerables… porque eso también es parte de amarte.

Visualizar tu futuro sin tu ex

Cerrar un ciclo no solo implica soltar el pasado, también se trata de abrir espacio para imaginar lo que viene. Y cuando estás saliendo de una relación, eso suena imposible. Tu mente sigue girando alrededor de lo que fue, de lo que pudo haber sido, y de lo que ya no será. Visualizar el futuro sin tu ex no es fácil, pero es esencial. Es ese momento en el que pasas de sobrevivir… a crear.

Y no, no se trata de imaginarte bailando sola en la playa con un vestido blanco mientras todo te resbala. Se trata de visualizar una versión de ti que ya no se define por esa historia. Una mujer que no carga la tristeza como mochila ni el miedo como brújula. Una mujer que no necesita tener pareja para sentirse completa, y que ya no se pregunta "¿qué pensaría él de esto?", sino "¿esto me hace bien a mí?"

Visualizar tu futuro es construir nuevas referencias. Imagínate despertando en paz, sin revisar el celular. Riéndote a carcajadas con nuevas amistades. Estudiando eso que siempre pospusiste. Viajando sola o con quien sí te suma. Viviendo en un espacio tuyo, decorado con todo lo que te gusta y con nadie que lo critique. Haciendo cosas que antes no hacías porque a él no le interesaban.

Tal vez te visualizas fuerte, liderando un proyecto. O tranquila, cultivando tu jardín. O libre, subiendo a un avión con boleto solo de ida. El cómo no importa tanto. Lo importante es que no estás esperando a nadie para empezar.

Y si te cuesta imaginar ese futuro, empieza con pequeños fragmentos: un día sin ansiedad, una comida que cocinas para ti, una noche donde te duermes sin lágrimas. El futuro no llega como película. Llega en escenas nuevas que tú decides escribir.

Cuando visualizas tu vida sin tu ex, no lo estás borrando: estás dejándolo en el lugar que le corresponde. Parte de tu historia, no el centro de tu existencia. Y al hacerlo, abres la puerta a lo más importante: tú. Sin filtros. Sin miedo. Sin repetir lo que ya no te pertenece.

El futuro no es lo que “viene”. El futuro es lo que estás construyendo hoy con cada decisión, cada límite, cada acto de amor propio. Y ese futuro, aunque aún no lo veas con claridad, ya no necesita su sombra para brillar. Porque esta vez, el sol sale para ti. Solo para ti.

Desintoxicación digital: Dejar de seguir, silenciar, archivar

Hoy, una ruptura no termina cuando se dice "adiós". Termina cuando haces limpieza digital. Porque por más que bloquees emocionalmente, si sigues viendo a tu ex sonriendo en Instagram subiendo frases sospechosamente indirectas, o cambiando de look como si se hubiera graduado del curso de "miren qué bien estoy sin ti" … tu mente nunca termina de soltar. Y tu corazón, menos.

La desintoxicación digital no es drama, es autocuidado. No se trata de ser radical, sino realista: no puedes sanar si sigues espiando la herida todos los días.

1. Dejar de seguir no es inmaduro. Es inteligente.

Si cada vez que entras a Instagram sientes una punzada porque viste que dio like a alguien o subió una foto de "nueva etapa", ¿qué estás ganando? Nada. Solo ansiedad. Dejar de seguir a tu ex, sus amigos, su familia o cualquier satélite emocional que lo rodee no es venganza. Es higiene mental.

2. Silenciar: el paso intermedio para valientes en proceso

Si aún no estás lista para borrar, silencia. Historias, publicaciones, notificaciones. Fuera de tu vista, fuera del bucle. No necesitas ver todo lo que hace para confirmar que sigue con vida. Tú ya no necesitas estar en ese cine emocional donde repites la misma película con final triste.

3. Archivar: limpia sin borrar si aún no puedes soltar

Fotos, mensajes, recuerdos. Si no estás lista para eliminar, archiva. Saca del alcance visual todo lo que te atrapa en la nostalgia. No tienes que destruirlo todo, pero sí moverlo de la zona de peligro. Porque un mal día + una foto vieja = recaída asegurada.

4. Detén la vigilancia con reglas reales

Pon límites contigo: "no voy a revisar su perfil por siete días", "si entro, tengo que escribir lo que siento después". Y si caes… no te castigues. Pero tampoco te justifiques. Toma nota del bajón emocional que te dejó hacerlo. Esa es la mejor motivación para no repetirlo.

5. Haz limpieza emocional extendida

Elimina conversaciones que ya no tienen sentido. Sal de grupos donde aún se le menciona. Borra las canciones que te arrastran. Crea un espacio digital donde tú seas el centro, no tu pasado.

Una verdadera desintoxicación digital no es sobre él. Es sobre ti. Sobre dejar de abrir ventanas que ya no llevan a ningún lado. Sobre apagar el ruido externo para poder escucharte. Y, sobre todo, sobre elegirte cada vez que la nostalgia toque la puerta disfrazada de "solo quería ver qué anda haciendo".

Tu paz vale más que un vistazo. Tu progreso, más que una historia. Y tú dignidad… no se negocia con el algoritmo.

Qué hacer con los objetos y recuerdos

Llega ese momento en el duelo amoroso en el que te cruzas con el suéter que te prestó, la carta que te escribió, las fotos felices enmarcadas como si todo hubiera sido perfecto… y sientes que el pasado te salta encima como si nunca se hubiera ido. ¿Qué hacer con todo eso? ¿Tirarlo? ¿Guardarlo? ¿Quemarlo en una fogata catártica al ritmo de una canción de despecho? Spoiler: depende. Pero lo que está claro es que hacer como si nada estuviera ahí no funciona. Toca enfrentarlo.

1. Haz una revisión emocional, no solo visual

Mira cada objeto y pregúntate: ¿esto me recuerda a una versión feliz de mí o a una herida abierta? No todo lo que viene del pasado merece quedarse. Algunos recuerdos son anclas. Otros, espejos. Y otros… basura con forma de nostalgia.

2. Crea una caja de transición

Si no estás lista para soltar del todo, guarda todo en una caja. Llámala como quieras: "Caja de "la tumba del casi", lo que sea. Lo importante es que esos objetos no estén a la vista, decorando tu cuarto como fantasmas con buen gusto. Guárdalos en un lugar difícil de alcanzar. Si en seis meses ni los extrañaste… ya sabes qué hacer.

3. Regala, dona o recicla lo que no tenga peso emocional

Camisetas, regalos impersonales, libros que nunca fueron tuyos realmente. Si no te rompen, no te atan. Sácalos de tu espacio físico para empezar a despejar también tu espacio emocional. Porque el lugar que ocupa "lo que fue" es el mismo que podría estar usando "lo que puede venir".

4. Quema, rompe o elimina si lo necesitas (sí, en serio)

Si hay cartas que te duelen, fotos que te hacen recaer, objetos que simbolizan promesas rotas… haz un ritual. No tienes que prender fuego a lo drama Queen (aunque suena tentador). Pero sí puedes escribir una carta final, romper lo que duele, cerrar el ciclo con una acción física. A veces el cuerpo necesita un gesto para que el alma entienda que se acabó.

5. Digital: fotos, mensajes, también cuentan

Haz limpieza en tu galería, redes y archivos. Borra lo que sabes que te revuelve el estómago. Si no puedes todavía, crea una carpeta oculta. Pero ponle fecha de revisión: tu sanación no puede depender de una colección de selfies con filtros y promesas vencidas.

6. Lo que decidas guardar, que sea por amor propio, no por apego

Si hay algo que realmente valoras, que no te lastima y que forma parte de tu historia personal más allá de la relación, guárdalo con respeto. Pero que no te impida avanzar, ni te haga retroceder cada vez que lo veas. El recuerdo puede quedarse… siempre que no te atrape.

Tu espacio refleja tu proceso. Y si quieres avanzar, necesitas que lo que te rodea te sostenga, no te sabotee. No estás tirando cosas. Estás soltando peso. Estás abriendo lugar para lo nuevo. Estás diciéndole al universo, y a ti misma: no me olvido de lo vivido, pero ya no me quedo atrapada ahí. Y eso… es liberación.

La diferencia entre soledad y estar solo

Parecen lo mismo, pero no lo son. Estar solo es una circunstancia. Sentirse solo es un estado emocional. Uno es externo, el otro es interno. Puedes estar rodeada de gente y sentirte sola, o estar completamente sola y sentirte en paz. Y después de una ruptura, esa diferencia se vuelve crucial. Porque no estás huyendo de la soledad… estás huyendo del vacío que viene cuando te desconectas de ti.

Estar solo es estar sin compañía física en un momento determinado. Puede elegir cenar contigo misma, pasar un fin de semana sin planes o dormir en una cama que ahora tiene más espacio. Es literal. Es neutral. Y a veces, incluso, es necesario. Es el espacio donde tu voz interior deja de competir con el ruido de otros.

La soledad, en cambio, es emocional. Es esa sensación de estar abandonada, olvidada, incomprendida. No siempre aparece cuando estás sola. A veces surge en medio de una relación donde no te escuchan, en una fiesta donde finges estar bien, o incluso en una conversación donde te ríes mientras por dentro te rompes. La soledad es la ausencia de conexión: contigo, con otros, con algo que te haga sentido.

Después de una ruptura, confundimos ambos todo el tiempo. Sentimos miedo de estar solas porque creemos que eso es lo mismo que sentirnos vacías. Pero no. Lo que duele no es estar sin esa persona, es no saber qué hacer con el silencio que dejó. El problema no es el tiempo libre, es la falta de propósito, de compañía emocional, de estructura interna.

La buena noticia es que estar sola puede volverse tu lugar seguro si aprendes a habitarlo sin huir. Puede convertirse en el espacio donde descubres lo que te gusta sin tener que compartirlo, donde te ríes contigo sin justificarte, donde te sostienes sin tener que mendigar atención.

La soledad no se cura con compañía externa. Se alivia con presencia interna. Y cuando aprendes a estar sola sin sentirte solitaria, dejas de aceptar migajas solo por tener a alguien al lado. Porque ya no te asusta el silencio. Porque ya no necesitas que alguien te elija para sentirte valiosa.

Estar sola es libertad. La soledad es el puente que cruzas para encontrarte contigo. Y cuando cruzas ese puente… ya no hay vuelta atrás. Porque te das cuenta de que el verdadero amor no llega cuando alguien llena tu vacío, sino cuando tú dejas de temerle. Y ahí, empieza todo lo nuevo.

La independencia emocional como superpoder

Durante años nos hicieron creer que el amor verdadero era necesitarse mutuamente. Que, si no sufrías por alguien, no era intenso. Que, si no dolía, no era profundo. Que estar "completo" solo era posible al lado de otro. Pero lo cierto es que la independencia emocional no solo no arruina el amor… lo hace más real, más sano y mucho más poderoso. Porque cuando dejas de necesitar a alguien para sentirte viva, libre o suficiente, te conviertes en tu propia fuente. Y eso, querida, es un superpoder.

Ser emocionalmente independiente no significa que no sientes, que no amas o que no necesitas afecto. Significa que no te desmoronas si no te aman. Que puedes sostenerte a ti misma cuando todo se mueve. Que no entregas tu estabilidad en manos de nadie, por muy enamorada que estés.

Es mirar a alguien a los ojos y decir: te quiero, pero no te necesito para ser feliz. Es elegir quedarte por deseo, no por miedo a quedarte sola. Es poder escuchar un "no" sin que tu mundo se derrumbe. Es tener espacio para el otro sin perder el tuyo.

Cuando eres independiente emocionalmente:

— No aceptas migajas porque ya no tienes hambre de ti misma.

— No callas tus necesidades por miedo al abandono.

— No haces malabares emocionales para que alguien se quede.

— No mendigas cariño, ni persigues respuestas, ni buscas cierre en donde solo hay silencio.

Tener este superpoder no te convierte en una roca fría e inaccesible. Te convierte en una mujer que ya no negocia su paz. En alguien que ama desde la libertad, no desde la carencia. En alguien que puede estar sola sin sentirse vacía… y acompañada sin dejar de ser ella.

¿La mejor parte? Que no necesitas nacer con este poder. Se cultiva. Día a día. Decisión a decisión. Límite a límite. Es el resultado de sanar, de conocerte, de caerte y levantarte sin esperar que alguien venga a rescatarte.

Y cuando lo tienes, algo cambia: atraes vínculos más auténticos, más equilibrados, más honestos. Porque cuando tú ya no te abandonas, nadie más puede hacerlo sin que lo notes.

La independencia emocional no es un escudo contra el amor. Es el cimiento para amar mejor. Porque cuando ya no necesitas a nadie para respirar… entonces sí estás lista para volar. En tu eje. En tu centro. En tu poder. Y esta vez, no te caes. Te elevas.

¿Cuándo saber que estás listo para salir de nuevo?

No hay fecha exacta, ni fórmula mágica, ni alarma que suene un día y diga: "felicidades, ya superaste a tu ex, sal a enamorarte otra vez". Saber si estás listo para volver a salir no depende del calendario… depende de ti. Y no se mide por cuántas semanas pasaron, sino por cómo te sientes cuando ya no estás escapando del pasado ni buscando un parche emocional.

Estás listo cuando te eliges primero. Cuando ya no buscas distraerte del vacío, sino compartir desde la plenitud. Cuando ya no idealizas a cualquiera que te sonría. Cuando no confundes atención con conexión, ni te aferras a la primera persona que te escribe solo porque el silencio te incomoda menos con notificaciones encendidas.

Estás lista cuando ver a tu ex ya no te remueve. No porque lo odies o porque te dé igual, sino porque ya no ocupa el centro de tu narrativa. Porque ya no lo comparas con cada nueva persona que conoces. Porque no sientes la urgencia de demostrar que "yo también puedo rehacer mi vida" como si fuera una competencia emocional de Instagram.

Estás lista cuando te conoces mejor. Cuando sabes qué quieres, qué no vas a tolerar, qué necesitas en una relación y qué errores no piensas repetir. Cuando tus límites ya no son castillos de arena que se deshacen con cualquier ola de atención.

También estás lista cuando puedes estar sola y sentir paz, no angustia. Cuando salir con alguien es una elección y no una necesidad. Porque el amor más sano no llega cuando estás desesperada porque alguien te rescate, sino cuando ya descubriste que no necesitas que nadie te salve.

Y si te preguntas: ¿pero tengo miedo de abrirme otra vez?, eso es normal. El miedo no es señal de que no estás lista. Es señal de que aprendiste. Lo importante es desde dónde decides: ¿desde la herida o desde la sanación? ¿Desde el hambre o desde el deseo?

Así que no te apresures. No te saltes tu propio ritmo por presión externa o por soledad mal gestionada. Cuando llegue el momento, lo vas a saber. Se sentirá distinto. Más tranquilo. Más honesto. Más tú. Y esta vez, vas a entrar al amor no para completarte… sino para compartirte. Entera. Consciente. Libre. Y sin miedo a volver a empezar.

Evitar las relaciones "rebote"

Justo cuando sales de una ruptura, con el corazón a medio cicatrizar y la autoestima tambaleando, aparece alguien nuevo. Te sonríe bonito, te escucha, te responde rápido los mensajes, y de repente sientes mariposas... o al menos un poco de alivio. Y ahí es cuando entra en escena el famoso "rebote". Esa relación que no es realmente un nuevo comienzo, sino una extensión emocional de lo que aún no cerraste.

Las relaciones rebote suelen parecer intensas, urgentes, incluso mágicas. Pero no nacen del deseo auténtico de conectar. Nacen del miedo al vacío. De las ganas de demostrar que ya superaste todo, aunque por dentro sigas mirando atrás. Y si no estás atenta, lo que parece una oportunidad termina convirtiéndose en otro duelo emocional que ni siquiera sabías que ibas a tener que procesar.

¿Cómo saber si estás entrando en una relación rebote?

— Si te da paz porque te distrae, no porque te nutre

— Si estás más enfocada en olvidar a tu ex que en conocer a la nueva persona

— Si te estás adaptando demasiado rápido sin saber bien lo que sientes

— Si temes quedarte sola más que ilusionarte con lo que está naciendo

— Si idealizas el vínculo con frases tipo "esto es justo lo que necesitaba después de tanto dolor" (sorpresa: probablemente no lo sea)

El problema con las relaciones rebote no es la nueva persona. Es que tú todavía estás emocionalmente en otra historia. Y usar a alguien para llenar un vacío que solo tú puedes cerrar es una forma involuntaria de dañarte a ti… y al otro.

Entonces, ¿qué hacer?

— Respira. No todo interés romántico necesita ser explorado de inmediato.

— Date el permiso de conocer gente sin que eso implique emparejarte.

— Sé honesta contigo: ¿buscas cariño o validación?

— Recuerda que sanar no es una carrera. Y estar sola un tiempo no es castigo, es preparación.

Evitar una relación rebote no significa cerrarte al amor. Significa darte el respeto de no comenzar algo nuevo mientras aún estás remendada por dentro. Significa decirte: me merezco entrar en mi próxima historia desde la claridad, no desde el dolor. Y esa elección, aunque nadie la vea… es amor propio en su forma más elegante.

Comunicación y límites en nuevas relaciones

Cuando decides abrir de nuevo el corazón, después de una ruptura que te enseñó más de lo que querías aprender, es fácil caer en dos extremos: cerrarte por completo para no salir herida otra vez… o lanzarte con todo como si el pasado no hubiera dejado marcas. Pero si realmente quieres construir algo nuevo y sano, necesitas dos cosas: comunicación clara y límites firmes. No para protegerte del amor, sino para proteger tu paz dentro del amor.

Comunicación no es hablar mucho, es hablar con verdad

Desde el principio, sé tú. No la versión que agrada, no la que "no quiere parecer intensa", no la que se adapta rápido por miedo a perder. Habla desde el centro, no desde el miedo. Di lo que esperas, lo que te hace bien, lo que no estás dispuesta a repetir. No necesitas contar tu trauma completo en la primera cita, pero sí puedes decir: "valoro la honestidad", "no busco juegos", "me tomo en serio los vínculos". La claridad espanta a los que no vienen con buenas intenciones. Y bendito sea.

Los límites no alejan, filtran

Un límite no es un muro, es una puerta con cerradura. Quien sepa tocar, entra. Quien no respete, se queda afuera. Tus límites deben estar definidos antes de enamorarte, porque una vez que el corazón se involucra, la tolerancia se disfraza de comprensión. Pon tus no-negociables sobre la mesa sin miedo a parecer dura. La gente correcta no se asusta con tus límites, los agradece.

Ejemplos de límites sanos y necesarios:

– "Si desapareces sin avisar, eso no es para mí."

– "No me acomoda hablar todos los días si no hay un vínculo claro."

– "No quiero una relación donde tenga que adivinar cómo te sientes."

– "No tolero faltas de respeto, ni en broma."

Y recuerda: el silencio también comunica

Si no te escucha, si minimiza tus emociones, si se burla de tus límites, si evita tener conversaciones incómodas… eso también dice mucho. No expliques más de lo necesario a quien no tiene interés real en entenderte. Tu energía vale más que una explicación repetida.

Tu nueva relación no tiene que ser perfecta, pero sí sana

Y para eso, necesitas tener la valentía de hablar desde el principio. No para controlar al otro, sino para construir algo juntos desde la autenticidad. Con espacio, con respeto, con claridad.

La comunicación te conecta. Los límites te protegen. Y ambas cosas, combinadas, te permiten amar sin perderte en el intento. Esta vez, diferente. Esta vez, con conciencia. Esta vez, contigo en el centro. Como siempre debió ser.

La importancia de la compatibilidad y los valores compartidos

Cuando el corazón está enamorado, la mente suele ponerse en modo "todo se puede". Y claro, al principio, todo parece funcionar: las conversaciones fluyen, hay química, se ríen con las mismas tonterías… pero con el tiempo, lo que realmente sostiene una relación no es si les gusta la misma serie, sino si comparten valores, metas y formas de ver la vida.

La compatibilidad no es que les gusten los mismos tipos de pizza. Es que tengan ritmos parecidos, expectativas similares, maneras sanas de resolver conflictos, ideas afines sobre lo que significa amar, cuidar, comprometerse. Es poder construir algo sin tener que dejar partes esenciales de ti en el camino.

Valores compartidos son esos pilares invisibles que sostienen la relación cuando el enamoramiento se vuelve cotidiano. Son las creencias profundas: respeto, honestidad, fidelidad, libertad, compromiso, familia, espiritualidad, trabajo, dinero, crecimiento personal. No tienen que pensar igual en todo, pero sí en lo esencial. Porque si tú sueñas con construir una vida en pareja basada en el respeto y la comunicación, y la otra persona ve el amor como algo casual y sin responsabilidad emocional… adivina quién va a terminar con el corazón hecho puré.

La compatibilidad emocional también importa. Si tú eres expresiva y la otra persona evita hablar de lo que siente; si tú crees en crecer juntos y él huye cuando algo se pone serio; si tú valoras la honestidad brutal y él se esconde detrás de silencios pasivo-agresivos… ahí no hay punto medio: hay desgaste.

Y no se trata de cambiar al otro ni de adaptarte tú. Se trata de encontrar a alguien con quien seas tú sin tener que explicar lo obvio. Donde no tengas que negociar tus valores para encajar, ni justificar tus necesidades para no parecer "difícil".

Porque cuando hay compatibilidad real, el amor no se trata de sacrificio constante. Se trata de cooperación, de fluidez, de estar alineados en lo importante. Las diferencias pueden sumar, pero solo si los cimientos son fuertes y compartidos.

No ignores las señales con la excusa de la pasión. La química enciende, pero los valores sostienen. Y si no estás caminando en la misma dirección, no importa cuánta atracción haya… tarde o temprano te vas a cansar de remar sola.

Así que esta vez, antes de lanzarte al vacío del "quizás funcione", pregúntate: ¿tenemos lo que hace falta para construir? ¿O solo lo que hace falta para entretenernos un rato? Porque tú ya no estás para relaciones con fecha de vencimiento. Estás para construir amor con raíz. Y eso empieza por elegir con conciencia, no con urgencia.

Lecciones aprendidas y sabiduría adquirida

Toda ruptura, por muy desgarradora que sea, viene con un regalo disfrazado de catástrofe: la posibilidad de aprender. Claro, al principio lo único que quieres es que deje de doler, que el mundo te devuelva tu dignidad y que la almohada no huela a derrota. Pero con el tiempo, cuando el polvo emocional se asienta, algo se activa: una lucidez nueva, una especie de radar que no tenías antes. Lo llamamos sabiduría. Lo llamamos evolución. Lo llamamos: "ahora sí sé lo que no quiero ni loca."

Una relación fallida no te define. Pero sí te revela. Te muestra tus puntos ciegos, tus necesidades ocultas, tus vacíos disfrazados de romanticismo. Y si te animas a mirar con honestidad, vas a descubrir que ese "error" fue, en realidad, una maestra con manos frías y voz directa.

Lecciones que muchas aprendemos con sangre emocional pero que valen oro:

— Amar no significa perderte.

— El silencio prolongado también es una respuesta.

— Si tienes que mendigar atención, no es amor.

— Los celos no son pasión, son inseguridad con perfume.

— Lo que empieza con ansiedad rara vez termina en paz.

— El amor no duele: lo que duele es la ausencia de amor propio.

La sabiduría post - ruptura no se trata de volverte fría ni de cerrarte al amor. Al contrario: se trata de elegir mejor, de reconocer señales antes, de cuidarte con más ternura, de amar con más conciencia y menos ilusión ciega.

Ahora sabes que no necesitas perderte en nadie para sentirte acompañada. Que estar sola no es una maldición, sino una oportunidad. Que la próxima vez no vas a romantizar la intensidad, sino valorar la estabilidad. Que no te interesa repetir la historia con otro nombre, sino escribir una nueva con otra pluma: la tuya.

Y si te preguntas si valió la pena tanto dolor para llegar aquí, piensa en esto: ahora eres una versión de ti misma más fuerte, más lúcida, más entera. Ahora ya no confundes apego con amor, atención con afecto, promesas con hechos. Ahora ya no te enamoras de potenciales, sino de realidades. Y eso… es el verdadero cierre.

No saliste rota. Saliste despierta.

Y esa es, quizás, la mayor victoria.

Tu resiliencia y fortaleza

Tal vez no lo notes todavía, pero estás aquí. Leyendo esto. Respirando. Avanzando. Aunque a veces arrastres los pies, aunque duela, aunque no entiendas cómo llegaste hasta este punto. Y eso, aunque no se vea en redes ni tenga medallas, es una forma de valentía. Porque hay algo profundamente poderoso en seguir adelante cuando todo dentro de ti te pide rendirte. Eso se llama resiliencia. Y tú la tienes.

Resiliencia no es "ser fuerte" todo el tiempo. No es tragar lágrimas, ni sonreír fingiendo, ni convencer al mundo de que estás bien. Resiliencia es permitirte caer sin quedarte en el suelo. Es tener conversaciones incómodas contigo misma. Es reconstruirte desde los pedazos, sin manual, sin garantías, solo con el deseo testarudo de volver a sentir paz.

Tu fortaleza no se mide por cuánto aguantaste, sino por cuánto aprendiste a soltar. Por cada "no" que te costó decir. Por cada mensaje que no enviaste, aunque morías de ganas. Por cada vez que te elegiste, temblando, en vez de volver al mismo ciclo conocido solo por miedo a estar sola.

Y no, no fue fácil. No lo es. Pero aquí estás. Con el corazón con cicatrices, sí, pero también con una lucidez nueva, una dignidad renovada, y una brújula emocional que antes no tenías. Todo eso lo construiste tú. A tu ritmo. A tu modo. Con cada decisión incómoda que tomaste por tu bienestar.

Tu resiliencia no es invencible, ni necesita serlo. Se vale llorar, flaquear, retroceder. Lo importante es que no te hayas rendido del todo. Que incluso en los días grises sigas apostando por ti. Que sigas creyendo —aunque sea un poquito— que lo mejor aún no ha llegado.

Porque lo cierto es que no eres la misma de antes. Eres más sabia. Más cuidadosa. Más compasiva contigo. Y esa fuerza que hoy llevas dentro, esa que no siempre se nota por fuera, es la que te va a sostener en el próximo capítulo. Uno que vas a escribir desde tu centro, no desde tu herida.

Así que mírate con respeto. No por lo que perdiste, sino por todo lo que sobreviviste. Y recuerda: si fuiste capaz de salir de ahí, vas a ser capaz de llegar a donde quieras. Porque tu fortaleza ya no grita. Camina contigo. Firme. Serena. Y lista para empezar de nuevo, esta vez… contigo al mando.

Eres más fuerte de lo que crees

Recapitulación de los puntos clave

Sobrevivir a una ruptura no es solo dejar ir a alguien: es reencontrarte contigo. A veces parece imposible, otras veces duele más de lo que pensaste que podrías soportar. Pero paso a paso, lágrima tras lágrima, silencio tras silencio, algo empieza a sanar. Y si llegaste hasta aquí, si atravesaste esta lectura entera, si estás haciendo el trabajo de mirar hacia adentro, entonces permíteme recordártelo con todas sus letras: eres más fuerte de lo que crees.

Hagamos un repaso de lo que ya sembraste en este proceso:

— Reconociste el dolor sin minimizarlo ni disfrazarlo. Entendiste que no hay atajos, y que el duelo es parte necesaria del camino.

— Aprendiste a sentir tus emociones sin miedo, validando tu tristeza, tu enojo, tu confusión, y dándoles espacio sin dejar que te definan.

— Descubriste qué es el contacto cero, cómo implementarlo, y por qué es vital para reconstruirte lejos de recaídas emocionales.

— Empezaste a reconectar contigo misma, con tus valores, tus pasiones, tus metas, tu autonomía, tu salud y tu bienestar integral.

— Entendiste que el amor sano no nace del vacío, y que no necesitas un rebote ni una validación externa para sentirte valiosa.

— Te recordaste que estar sola no es igual a estar vacía, y que la soledad puede ser terreno fértil para florecer.

— Empezaste a practicar la comunicación consciente y los límites firmes en tus nuevas relaciones, no desde el miedo, sino desde el respeto propio.

— Aprendiste a identificar patrones, a perdonar desde el corazón (y no desde la ingenuidad), y a elegir de nuevo sin repetir lo que ya te rompió.

— Reafirmaste que la compatibilidad emocional y los valores compartidos son más importantes que cualquier mariposa momentánea.

— Y, sobre todo, comprendiste que tu resiliencia no se mide por cuánto amor diste, sino por cuánto amor te devolviste a ti misma.

Cada paso que diste fue una semilla. Y aunque ahora solo veas tierra removida, con el tiempo vas a ver brotar una versión tuya más firme, más consciente, más luminosa. Ya no buscas que alguien te salve. Ya no persigues amor como si no fueras digna de recibirlo sin dolor. Ahora caminas con una certeza nueva: si me tengo a mí, ya no estoy perdida.

Esto no es el final. Es el renacimiento.

Y tú, alma valiente, lo estás haciendo mejor de lo que crees.

Recuerda: No se trata de sobrevivir a tu ex, sino de sobrevivirte a ti misma cuando amabas a quien no te amaba bien.

Acerca del Autor

Alina A. Rubi es psicóloga, escritora y formadora apasionada por el poder de la palabra y la escucha para transformar vidas. A lo largo de los años, ha dedicado su carrera a acompañar a personas en sus procesos de autoconocimiento, sanación emocional y desarrollo personal, siempre desde una perspectiva cálida, respetuosa y profundamente humana.

Graduada en Psicología, Alina se especializó en el trabajo con vínculos familiares, dinámicas interpersonales y patrones aprendidos desde la infancia. Su enfoque integrador combina teoría sólida con una mirada cercana y empática hacia las experiencias únicas de cada persona. Ha trabajado tanto en consulta individual como en talleres y espacios grupales, ayudando a otros a comprender la raíz de sus heridas emocionales, a construir límites sanos y a redefinir la forma en que se relacionan consigo mismos y con los demás.

Alina cree firmemente que la psicología no es solo un campo de estudio, sino un puente hacia la libertad personal. Por eso dedica buena parte de su tiempo a la escritura, convencida de que el conocimiento psicológico debe estar al alcance de todos. Sus textos, accesibles y reflexivos, buscan ofrecer claridad sobre temas a menudo tabú como el trauma familiar, la culpa, la dificultad para decir "no" o el peso de las lealtades invisibles. Su estilo combina rigor profesional con un lenguaje sencillo y, a menudo, salpicado de humor, para ayudar a digerir verdades que pueden ser incómodas pero necesarias.

Además de su práctica clínica y su faceta como escritora, Alina también ha participado en programas de formación para profesionales y ha colaborado en proyectos comunitarios enfocados en salud mental. Le interesa especialmente la prevención: enseñar a reconocer patrones dañinos antes de que se perpetúen de generación en generación. Para ella, romper ciclos familiares no es un acto de traición, sino la mayor muestra de amor posible: la decisión consciente de no heredar a otros el mismo dolor.

Fiel defensora del poder de la escucha, Alina considera que muchas heridas comienzan donde nadie pudo, o quiso, escuchar de verdad. Por eso en su consulta da lugar a todas las voces: incluso a las partes más heridas, más enojadas o avergonzadas de cada persona. Su objetivo es que cada uno pueda reconciliarse con su historia, resignificarla y vivir con más autenticidad y paz.

Hoy, Alina Rubi sigue escribiendo, atendiendo, enseñando y aprendiendo. Su trabajo es un testimonio de su convicción profunda: que todos merecemos construir una vida en la que no tengamos que elegir entre amar a otros y respetarnos a nosotros mismos. Porque para ella, la psicología es mucho más que un oficio: es una herramienta para que cada persona pueda convertirse en el narrador consciente y compasivo de su propia historia.

www.ingramcontent.com/pod-product-compliance
Lightning Source LLC
LaVergne TN
LVHW040444051026
849517LV00002B/745
9798231911820